DISCURSOS EM VÁRIOS EVENTOS

Editora Appris Ltda.
1.ª Edição - Copyright© 2021 do autor
Direitos de Edição Reservados à Editora Appris Ltda.

Nenhuma parte desta obra poderá ser utilizada indevidamente, sem estar de acordo com a Lei nº 9.610/98. Se incorreções forem encontradas, serão de exclusiva responsabilidade de seus organizadores. Foi realizado o Depósito Legal na Fundação Biblioteca Nacional, de acordo com as Leis nos 10.994, de 14/12/2004, e 12.192, de 14/01/2010.

Catalogação na Fonte
Elaborado por: Josefina A. S. Guedes
Bibliotecária CRB 9/870

B277d
2021
	Barros, Arnoldo
	    Discursos em vários eventos / Arnoldo Barros.
	1. ed. - Curitiba: Appris, 2021.
	    165 p.; 23 cm.
	
	    Inclui bibliografia.
	    ISBN 978-65-250-1702-0
	
	    1. Discursos. 2. Oradores. 3. Oratória. I. Título.
	
	                                             CDD - 808.51

Editora e Livraria Appris Ltda.
Av. Manoel Ribas, 2265 – Mercês
Curitiba/PR – CEP: 80810-002
Tel. (41) 3156 - 4731
www.editoraappris.com.br

Printed in Brazil
Impresso no Brasil

Arnoldo Barros

DISCURSOS EM VÁRIOS EVENTOS

FICHA TÉCNICA

EDITORIAL	Augusto V. de A. Coelho
	Marli Caetano
	Sara C. de Andrade Coelho
COMITÊ EDITORIAL	Andréa Barbosa Gouveia (UFPR)
	Jacques de Lima Ferreira (UP)
	Marilda Aparecida Behrens (PUCPR)
	Ana El Achkar (UNIVERSO/RJ)
	Conrado Moreira Mendes (PUC-MG)
	Eliete Correia dos Santos (UEPB)
	Fabiano Santos (UERJ/IESP)
	Francinete Fernandes de Sousa (UEPB)
	Francisco Carlos Duarte (PUCPR)
	Francisco de Assis (Fiam-Faam, SP, Brasil)
	Juliana Reichert Assunção Tonelli (UEL)
	Maria Aparecida Barbosa (USP)
	Maria Helena Zamora (PUC-Rio)
	Maria Margarida de Andrade (Umack)
	Roque Ismael da Costa Güllich (UFFS)
	Toni Reis (UFPR)
	Valdomiro de Oliveira (UFPR)
	Valério Brusamolin (IFPR)
ASSESSORIA EDITORIAL	Lucas Casarini
REVISÃO	Ana Lúcia Wehr
PRODUÇÃO EDITORIAL	Bruna Holmen
DIAGRAMAÇÃO	Bruno Ferreira Nascimento
CAPA	Sheila Alves
COMUNICAÇÃO	Carlos Eduardo Pereira
	Débora Nazário
	Karla Pipolo Olegário
LIVRARIAS E EVENTOS	Estevão Misael
GERÊNCIA DE FINANÇAS	Selma Maria Fernandes do Valle

Muito cuidado com os discursos demagógicos, ou seja, diabólicos. Na política é muito frequente essa prática. Geralmente são realizados pelos mensageiros de satanás, pois os mesmos são preparados astuciosamente para iludir, mentir e conquistar as almas para o caminho do mau, de forma a tentar conduzi-las para suas mazelas pretendidas.

(Orador Arnoldo Barros)

O maior Orador do universo que realizou e continua realizando os mais comoventes, motivadores e belos discursos, é sem dúvida nosso Senhor JESUS CRISTO.

(Orador Arnoldo Barros)

Muita gente acredita que os grandes vencedores possuem um segredo que lhes possibilitou a conquista do êxito. Tal segredo, no entanto todos podem possuir. Qualquer pessoa pode chegar aos mais altos lugares, sempre que reúna os conhecimentos adequados, uma inabalável firmeza de vontade, uma grande tenacidade e muita confiança no próprio valor.

(Professor Alberto Montalvao)

AGRADECIMENTOS

À Santíssima Trindade, Nossa Senhora da Primavera, Nossa Senhora de Fátima e Nossa Senhora de Natividade, Padroeira do meu Estado do Tocantins. De acordo com o escritor Francesco Bamonte, Maria é mediadora de todas as graças do Espírito Santo.

E eu afirmo que é portadora de mais de 2.200 títulos no mundo, sendo mais de 150 no Brasil, mundialmente conhecida como "Patrona dos pequenos e oprimidos"; a todos os Santos, em nome de Padre Pio, São Jorge, Santo Sebastião, São Bento, São Agostinho, Santa Dulce e Santo Expedito e ainda os Anjos representados pelos Arcanjos Gabriel, Rafael e Miguel.

Aos Discípulos em nome do Mons. Pedro Pereira Piagem e da Missionária D. Margarida Lemos Gonçalves, pelos exemplos de vida Cristã a serem seguidos e por terem me proporcionados os primeiros e excelentes ensinamentos — não só materiais como, principalmente, espirituais — sempre ao encontro das orientações de nossa Bíblia; ao Padre Aderso Alves dos Santos, meu Diretor Espiritual, por ter abençoado este projeto, com a finalidade de ser de utilidade material e principalmente espiritual. Dedicação especial ao Dr. Raimundo da Cunha Abreu, por ter sido o maior motivador da minha trajetória de oratória, o qual me presenteou com um excelente livro de modelos de discursos que, na minha carreira inicial, utilizei como consultas e fontes de informações deste desafio temido por muitos, todavia abençoado por DEUS. E, ainda, à "Dona" Margarida Lemos Gonçalves e ao meu pai, Agostinho Barros Louzeiro, e tantos outros pelas orientações, pelo apoio e pelos aplausos quando de nossos pronunciamentos realizados. Aos meus médicos, Dr. Mauro de Almeida, Dr. Emílio Fernandes Vasques Júnior, Dr. José Joel Carneiro e Dr. Janio Nery, por prontamente sempre terem me medicado sem medir esforços, proporcionando uma saúde desejável para os objetivos pretendidos. À minha esposa, Janete Santana Aguiar Mascarenhas, pela desconfiança quanto à realização deste trabalho; às minhas filhas, Lorena Martins Ribeiro Mascarenhas e Luanna Santana Mascarenhas, pelo grande amor paterno que sinto por elas; aos meus pais, Agostinho Barros Louzeiro e Venceslina Mascarenhas Barros, pelo maior desejo de ter seus filhos formados, ambos *in memoriam*; a meus irmãos, em nome de Juarez Maciel da Silva, pela grandeza de seu coração e consideração de amigo; e ainda, meus irmãos (*in memoriam*) Haroldo Mascarenhas Barros, Gildete Mascarenhas Louzeiro e Agostinho Barros Louzeiro Filho; a todos parentes, em nome do Tio Nelson Alves Louzeiro, verdadeiro amigo, intelectual e conselheiro de toda família (*in memoriam*); aos meus primos, em nome de Deusdete Pereira Louzeiro (*in memoriam*) e Manoel Pereira Louzeiro, amigos que estimo muito, pessoas da melhor qualidade; ao meu padrinho, Dr. Deusdeth Gabriel Mascarenhas, pelo exemplo de grande Cidadão deixado aqui neste mundo (*in memoriam*); ao Dr. Antonio Gonçalves de Carvalho Filho, que me proporcionou as principais conquistas de trabalho, contribuindo para que eu viesse a realizar esta modesta obra (*in memoriam*); ao Dr. Ibamar Tavares, pelo alto grau de humanidade sempre em defesa do servidor e por ter me encaminhado para cursos visando ao meu crescimento cultural (*in memoriam*); ao Altamirando Andrade (Velho Miranda), devoto com muita fé de Nossa Senhora; ao Padre Luso Barros, meu parente, por ter prestado devoção de comprovados milagres ainda quando vivo, meu apreço e admiração espiritual. Ao meu padrinho de casamento, Dr. José Ribeiro da Conceição, ao Dr. Tião Tocantins, ao Dr. Junior Benvindo, oradores por quem tenho admiração e agradeço pelos aplausos dos nossos discursos quando atentamente nos dão o prazer de nos ouvir. Ao Meirivaldo Alencar Miranda e a Concita Sotero, por terem me apresentado no Tribunal de Contas do Estado do Tocantins, para as oportunidades iniciais e futuras de trabalho. Ao Dr. Manoel Silvino Gomes Neto, pelas grandes contribuições, solidariedade e sinceridades, em todos os momentos de minha vida e, principalmente, quando me encontrava necessitando de tratamento de saúde. Ao Dr. José Carlos Leitão, Presidente da CONORTE, na época da criação do estado do Tocantins, por questão de honestidade, competência e merecimento, eu apoio em qualquer cargo político que seja pleiteado por ele. Ao Dr. Evandro Gomes Ribeiro, pelas suas colaborações e pelo espírito de ajuda ao próximo em todas as vezes que precisamos e buscamos esses benefícios. Ao colega de trabalho, Dr. Humberto Falcão Júnior, e ao nosso diretor, Wemerson Rodrigues Figueira, pelos grandes apoios, orientações técnicas e/ou didáticas e incentivos motivacionais que nos foram direcionados, e ao Gabriel Santos, que digitou este projeto, ao João Augusto Aguiar Barros, meu sobrinho, por ter colaborado com revisão geral deste livro principalmente no que diz respeito à área de informática.

Ao Bruno Ferreira Nascimento pelo trabalho de formatação, a Sheila Alves pela realização do design, e à Ana Lúcia Wehr, pela revisão geral, todos com muita racionalidade, eficácia e qualidade.

Aos poucos amigos e conhecidos que souberam por antecipação deste projeto e me apoiaram. E a você, que realizará a leitura destes discursos e colocará em prática estas modestas orientações. Para ficar esclarecido: sempre fui e sempre serei democrático. E o verdadeiro democrata é aquele que suporta opiniões contrárias às suas, se esforça o máximo possível para aproveitar as deliberações ocorridas nos campos das ideias. Estive, estou e continuarei com o coração e a alma aberta e receptiva para toda e qualquer sugestão construtiva, se assim julgarem necessária, oportuna, conveniente e convincente.

DEUS é supremo!!!

PREFÁCIO

Uma boa maneira de compreendermos o alcance de uma obra literária é conhecendo um pouco sobre o perfil do autor, em primeiro lugar o seu *CURRICULUM VITAE*, de extrema importância e o contexto em que ela foi escrita. A partir de então, sua leitura fica mais fácil e agradável. Mas isso não significa dizer que temos que procurar o conteúdo de cada discurso somente a partir do que o autor pensa. O convite é para que o leitor também faça uma imersão em cada texto e, pessoalmente, retire dele sua essência.

Ainda na adolescência, o autor já demonstrava firme vocação para a arte de Cícero. Fomos colegas no então Ginásio Batista de Tocantínia, e já naquela época, seja por disposição própria, seja por aclamação, ele era o orador oficial da turma, principalmente dos formandos do curso ginasial.

Nesta obra, o autor mostra que, no cotidiano da vida de cada um de nós, sempre nos deparamos com ocasiões em que teremos que fazer um discurso, e quão gratificante é estarmos preparados. Assim como podemos perder o amor da moça mais bonita do baile, por não sabermos dançar, também podemos perder uma grande oportunidade na vida, inclusive profissional, por não estarmos preparados para um discurso.

Na transcrição dos discursos proferidos ao longo de toda sua vida, desde a adolescência (discursos da vida real), o autor mostra que a inspiração e a eloquência são tão importantes, ou até mais, do que palavras vociferadas. E o leitor terá a oportunidade de perceber, também, como é importante um discurso bem proferido, seja na solenidade formal da posse de uma autoridade, na informalidade do aniversário da esposa e no batizado do filho, seja na descontração do churrasco do compadre.

Esta obra dará ao leitor a oportunidade de conhecer discursos proferidos nas mais diversas celebrações da vida do autor, feitos com alma, inspiração e convicção, sempre com a naturalidade necessária para a perfeita compreensão.

O escritor desta obra conseguiu a proeza de demostrar que um discurso pode ser objetivo e agradável aos ouvidos, fugindo daquela velha e tradicional pecha de oratórias longas e cansativas, que normalmente se imagina ouvir quando alguém pede a palavra.

Raimundo da Cunha Abreu

Raimundo da Cunha Abreu é tocantinense de nascimento, e radicado em Brasília – DF, onde reside desde 1977. É advogado militante, foi servidor do banco do Brasil S/A, e também prestou serviço no governo federal.

APRESENTAÇÃO

DISCURSO é oração, trabalho literário recitado perante um público
(Francisco da Silveira Bueno).

O maior orador do universo foi e sempre será JESUS CRISTO.

A oratória é, sem dúvida, um grande método motivador de você expressar suas emoções, buscando o apoio da plateia para fim desejado.

Todos nós podemos comunicar publicamente de forma a levar satisfatoriamente nossa mensagem aos que nos escutam.

É natural o frio na barriga, no entanto é fácil de ser combatido. Basta, para isso, você se conscientizar de que tem o maior domínio do assunto a ser apresentado e os seus ouvintes precisam das suas sábias informações.

O público em geral vai estar observando-o. Procure vestir a melhor roupa, de preferência, bem folgada, e se apresente com aparência bem-cuidada, com os cabelos penteados etc.

Utilize um tom de voz bem alto e com emoções, evitando gritarias. A voz no microfone fica mais bonita.

Não tenha medo, conscientize-se de que você tem o domínio maior que todos os ouvintes do tema a ser discorrido.

Faça suas orações a DEUS, pedindo sabedoria para ser feliz na sua apresentação, e tudo vai dar certo.

Perguntaram-me, por que, na maioria das vezes, costumamos realizar nossos discursos por escrito. Sem vacilar, respondi — por três motivos!

1. Porque não somos portadores de memória privilegiada e fotográfica, de ter essa capacidade ao ponto de decorar trechos e conteúdos com facilidade.

2. Sem nenhum demérito, ao contrário, temos grande admiração por aqueles que são dotados dessa excepcionalidade, entretanto o bom orador não é aquele que decora conteúdos, e, sim, o que expressa com

naturalidade, de forma oral e escrita, sabe buscar e interpretar com sabedoria os objetivos desejados.

3. No pronunciamento escrito, dificilmente você deixa de expressar tudo que deseja com riqueza de vocabulário. Sendo bem-sucedido, torna-se um documento histórico que, com certeza, servirá de tomadas de decisões.

As palavras verbais convencem, mas, às vezes, o vento leva, e as escritas acompanhadas de bons exemplos arrastam.
A Bíblia, a princípio, foi verbal, mas se consolidou por escrito.
Sem nenhum demérito com aqueles que têm o domínio e a memória privilegiada e preferem realizar seus discursos de forma verbal, parabenizamos por isso. Todavia, como dizem o Meirivaldo Alencar, eu e Fidel Castro, preferimos escrever.

Fato histórico verdadeiro ocorreu na Roma Antiga. O grande Cícero, o maior orador daquela Nação, teve uma experiência amarga, ao defender no tribunal seu amigo Milão. Fazendo-o de forma verbal, não convenceu nem comoveu os Juízes. Como resultado, Milão foi condenado.
Amargurado, Cícero, durante vários dias, escreveu um dos mais belos discursos, que jamais se proferiram no mundo, a célebre "Oração pro Milone". Mas era tarde, Milão já estava condenado.
Há mais de 50 anos que discursamos em nossa vida. Quando tínhamos 18 anos de idade, iniciamos nossa trajetória como orador de formatura ginasial do Colégio Batista de Tocantínia – TO, e de lá até hoje nunca paramos de discursar.
O escritor é autor do livro *Como tornar sua organização eficaz, valorizando a ADMINISTRAÇÃO DE RECURSOS HUMANOS* (2016), 1ª edição, com distribuição de 1 mil exemplares no Brasil e em alguns outros países.
Através dele apresentamos vários DISCURSOS para o Brasil, e concordamos que é importante divulgar também neste livro as seguintes sugestões, pois entendemos que "milagre contado é milagre multiplicado".
Infelizmente, no nosso Brasil, com a burocratização exagerada, com a exigência de vários documentos públicos e atestados, na maioria das vezes desnecessários, a falta de fluxogramas de tramitação processual, ou seja, todos os passos de um processo, nem sempre são realizados de forma

racional, utilizando sempre os princípios da qualidade, eficiência e eficácia, para melhor atingir os objetivos pretendidos.

A não existência da padronização nos formulários e procedimentos administrativos, do conhecimento, da vontade política, e dos princípios Cristãos, tudo isso contribui para o emperramento do bom andamento dos órgãos públicos e ainda, com a incontestável falta de um "**Ministério da Desburocratização**", também nos Estados, DF e Municípios uma Secretaria com o mesmo objetivo, podendo ser da **desburocratização ou de Organização e Métodos (O e M)**, com atribuições definidas. Enquanto não forem adotadas estas medidas de implantação a população continuará sofrendo e pagando por incalculáveis e danosos prejuízos econômico-financeiros, na ordem de trilhões de reais ou valores incalculáveis, morais, psicológicos e emocionais, provenientes do excesso de burocracia e com os altíssimos custos pela falta de racionalização com eficácia nas prestações de serviços para a população.

Apresentamos este modesto trabalho, não com objetivo de sanar todas as incertezas inerentes à área em apreciação, mas, sim, para servir como um modesto guia de uma parcela necessária ao bom aproveitamento por meio de modelos de discursos para várias situações e comemorações diversas.

Desejamos um bom proveito a todos interessados neste assunto; que venha servir de consulta, busca, orientações a fontes de oratória de todas as áreas humanas, com todas as profissões do mundo, não importando o ramo de atividade e o objetivo a ser pretendido.

DEUS seja agradecido!!!

Arnoldo Mascarenhas Barros
Palmas-TO, 29 de fevereiro 2020

SUMÁRIO

UM DOS VÁRIOS DISCURSOS DE JESUS CRISTO 21

SALMOS – 117 – BÍBLIA SAGRADA – EDITORA AVE MARIA 22

VISITA AO INSTITUTO TEOLÓGICO DE CAROLINA-MA, 1970 .. 23

ANIVERSÁRIO DA DONA BEATRIZ SILVA, FUNDADORA DO COLÉGIO BATISTA DO TOCANTINS, TOCANTÍNIA-TO, 1970 ... 25

SEMANA DA PÁTRIA, TOCANTÍNIA-TO, 1970 26

BOAS-VINDAS, PARA O SECRETÁRIO DA JUNTA DE MISSÕES NACIONAIS DA CONVENÇÃO BATISTA BRASILEIRA, PASTOR SAMUEL MITES, TOCANTÍNIA-TO, 1970 27

DIA DO TRABALHO, TOCANTÍNIA-TO, 1970 28

NOSSA FORMATURA NO CURSO GINASIAL, NO COLÉGIO BATISTA DO TOCANTINS, TOCANTÍNIA-TO, 1970 30

CONFRATERNIZAÇÃO DA FORMATURA DE BACHARELADO EM ADMINISTRAÇÃO DE EMPRESAS, TOCANTÍNIA-TO, 1979 33

DESPEDIDA DE ÓRGÃO DE TRABALHO, TAGUATINGA-DF, 1.984 . 35

FUNDAÇÃO DA ASSEMBLEIA COMUNITÁRIA, TAGUATINGA-DF, 1984 36

DESPEDIDA DE ÓRGÃO DE TRABALHO, TAGUATINGA-DF, 1985 38

OUTRA DESPEDIDA DE ÓRGÃO DE TRABALHO, TAGUATINGA-DF, 1985 40

MANIFESTO DE APOIO EM ELEIÇÃO NA FUNDAÇÃO HOSPITALAR DO DISTRITO FEDERAL, TAGUATINGA-DF, 1985 42

DESPEDIDA DE ORGÃO DE TRABALHO, TAGUATINGA-DF, 1985 43

50º ANIVERSÁRIO DO COLÉGIO BATISTA DO TOCANTINS, TOCANTÍNIA-TO, 1986 44

MANIFESTO AO CONDOMÍNIO DE BLOCO 47

ANIVERSÁRIO DO COLÉGIO BATISTA DO TOCANTINS,
TOCANTÍNIA-TO, 1988 49

AGRADECIMENTO PELA ELEIÇÃO DA FUNDAÇÃO HOSPITALAR
DO DISTRITO FEDERAL, TAGUATINGA-DF, 1988 51

ELEIÇÃO NA ASTEC – ASSOCIAÇÃO DOS SERVIDORES
DO TRIBUNAL DE CONTAS DO ESTADO DO TOCANTINS,
PALMAS-TO, 1991 53

DIA DO GRÊMIO DOS EX- ALUNOS DO COLÉGIO BATISTA DO
TOCANTINS. TOCANTÍNIA-TO, 1991 55

ANIVERSÁRIO DO VICE – PRESIDENTE DO TRIBUNAL DE
CONTAS DO ESTADO DO TOCANTINS, PALMAS-TO, 1993 58

MENSAGEM AOS ALCOÓLATRAS ANÔNIMOS DO GRUPO
SANATÓRIO ESPÍRITA DE BRASÍLIA – DF, BRASÍLIA-DF, 1994 .. 61

MANIFESTO DE APOIO A CANDIDATURA A PREFEITO DE
TOCANTÍNIA, TOCANTÍNIA-TO, 1996 63

O SABER HUMANO, PALMAS-TO, 1998 65

CONCLUSÃO DE CURSO, NO TRIBUNAL DE CONTAS DO
ESTADO DO TOCANTINS, PROMOVIDO PELO TRIBUNAL DE
CONTAS DE MINAS GERIAS, PALMAS-TO, 1998 67

PROTESTO JUNTO AOS PODERES PÚBLICOS EM GERAL,
TOCANTÍNIA-TO, 1999 69

TODO DIA É DIA DE ÍNDIO, PALMAS-TO, 2.002 73

PRONUNCIAMENTO DO IMPERADOR – PARÓQUIA SÃO
SEBASTIÃO DE, TOCANTÍNIA-TO, 2002 76

MUDANÇA DE DIRETORIA, PALMAS-TO, 2005 79

MENSAGEM DE FALECIMENTO DO JOAQUIM LOUZEIRO,
TAGUATINGA-DF, 2006 80

POSSE DO SINDICATO DOS SERVIDORES DO TRIBUNAL DE
CONTAS DO ESTADO DO TOCANTINS, PALMAS-TO, 2006 81

POSSE NA ASTEC (ASSOCIAÇÃO DOS SERVIDORES DO
TRIBUNAL DE CONTAS DO ESTADO DO TOCANTINS).
PALMAS-TO, 2006 85

TRANSFERÊNCIA DE DIRETORIA, PALMAS-TO, 2006 89

TÍTULO DE CIDADÃO DA CIDADE DE TOCANTÍNIA,
TOCANTÍNIA-TO, 2007 91

MANIFESTO, A VITÓRIA DOS HUMILDES, PALMAS-TO, 2007 ... 95

MANIFESTO ÀS DORES DOS TRIBUNAIS DE CONTAS BRASIL,
PALMAS-TO, 2007 100

MENSAGEM DE ANIVERSÁRIO, PALMAS-TO, 2009 109

ANIVERSÁRIO DE IRMÃ, BRASÍLIA-DF, 2013 110

MEU ANIVERSÁRIO, PALMAS-TO, 2014 112

ANIVERSÁRIO DE MINHA FILHA, PALMAS-TO, 2014 115

SOLENIDADE DE HOMENAGEM, SINDICATO DOS SERVIDORES
DO TRIBUNAL DE CONTAS DO ESTADO DO TOCANTINS,
PALMAS-TO, 2014 117

NASCIMENTO DE CRIANÇA, PALMAS-TO, 2014 121

CARTA ABERTA, DA ASSOCIAÇÃO DA FAMILIA PARENTE,
PALMAS-TO, 2015 122

COMO ACABAR COM A VIOLÊNCIA, PALMAS-TO, 2015 128

PRONUCIAMENTO POLÍTICO, POVOADO PEDREIRA
MUNICÍPIO DE, LAJEADO-TO, 2015 130

PRONUNCIAMENTO POLÍTICO,
MUNICÍPIO DE LAJEADO-TO, 2015 132

APOSENTADORIA NO TRIBUNAL DE CONTAS DO ESTADO DO
TOCANTINS, PALMAS-TO, 2015 134

DESPEDIDA DE PADRE, PALMAS-TO, 2016 136

AGRADECIMENTO A PAROQUIA SAGRADA FAMILIA,
PALMAS-TO, 2016 137

A CORRUPÇÃO NO BRASIL, PALMAS-TO, 2016 139

ANIVERSÁRIO DA PRIMEIRA IGREJA BATISTA DE LAJEADO-TOCANTINS, LAJEADO-TO, 2016 141

LANÇAMENTO DO MEU PRIMEIRO LIVRO (ADMINISTRAÇÃO DE RECURSOS HUMANOS), LAJEADO-TO, 2016 144

ANIVERSÁRIO DE PADRE, PALMAS-TO, 2017................... 148

VELORIO DO MEU IRMÃO, HAROLDO MASCARENHAS BARROS, TOCANTÍNIA-TO, 2017 149

VISITA DE 7º DIA DE FALECIMENTO DO MEU IRMÃO AGOSTINHO BARROS LOUZEIRO FILHO. TOCANTÍNIA-TO, 2018 150

VELORIO DE MINHA IRMÃ GILDETE MASCARENHAS (DETINHA), GILBUÉS-PI, 2019 151

REZA NA MINHA RESIDÊNCIA, PRONUNCIAMENTO, PALMAS-TO, 2019 153

REZA NA MINHA RESIDÊNCIA, PRONUNCIAMENTO, TOCANTÍNIA-TO 2020 157

MAIS UMA REZA NA MINHA RESIDÊNCIA EM, TOCANTÍNIA-TOCANTINS, 2020................................ 159

AS MAZELAS DA POLÍTICA, PALMAS- TO, 2020 160

CONCLUSÃO 161

CURRICULUM VITAE... 162

REFERÊNCIAS BIBLIOGRÁFICAS................................. 165

UM DOS VÁRIOS DISCURSOS DE JESUS CRISTO

SERMÃO DA MONTANHA, AUTOR: JESUS CRISTO
Bíblia Sagrada – Editora Ave Maria

As bem-aventuranças

Bem-aventurados os que têm um coração de pobre, porque deles é o reino dos céus!
Bem-aventurados os que choram, porque serão consolados!
Bem-aventurados os mansos, porque possuirão a terra!
Bem-aventurados os que têm fome e sede de justiça, porque serão saciados!
Bem-aventurados os misericordiosos, porque alcançarão misericórdia!
Bem-aventurados os puros de coração, porque verão DEUS!
Bem-aventurados os pacíficos, porque serão chamados filhos de DEUS!
Bem-aventurados os que são perseguidos por causa da justiça, porque deles é o Reino dos Céus!
Bem-aventurados sereis quando vos caluniarem, quando vos perseguirem e disserem falsamente todo mal contra vós por causa de mim. Alegrai-vos e exultai, porque será grande a vossa recompensa nos céus, pois assim perseguiram os profetas que vieram antes de vós!

DISCURSO CONTIDO NO:
SALMOS – 117 – BÍBLIA SAGRADA – EDITORA AVE MARIA

¹Aleluia. Louvai ao Senhor, porque ele é bom; porque eterna é a sua misericórdia. ²Diga a casa de Israel: Eterna é sua misericórdia. ³Proclame a casa de Aarão: Eterna é sua misericórdia. ⁴E vós, que temeis o Senhor, repeti: Eterna é sua misericórdia. ⁵Na tribulação invoquei o Senhor; ouviu-me o Senhor e me livrou. ⁶Comigo está o Senhor, nada temo; que mal me poderia ainda fazer um homem? ⁷Comigo está o Senhor, meu amparo; verei logo a ruína dos meus inimigos. ⁸Mais vale procurar refúgio no Senhor do que confiar no homem. ⁹Mais vale procurar refúgio no Senhor do que confiar nos grandes da terra. ¹⁰Ainda que me cercassem todas as nações pagãs, eu as esmagaria em nome do Senhor. ¹¹Ainda que me assediassem de todos os lados, eu as esmagaria em nome do Senhor. ¹²Ainda que me envolvessem como um enxame de abelhas, como um braseiro de espinhos, eu as esmagaria em nome do Senhor. ¹³Forçaram-me violentamente para eu cair, mas o Senhor veio em meu auxílio. ¹⁴O Senhor é minha força, minha coragem; ele é meu Salvador. ¹⁵Brados de alegria e de vitória ressoam nas tendas dos justos: ¹⁶a destra do Senhor fez prodígios, levantou-me a destra do Senhor; fez maravilhas a destra do Senhor. ¹⁷Não hei de morrer; viverei para narrar as obras do Senhor. ¹⁸O Senhor castigou-me duramente, mas poupou-me à morte. ¹⁹Abri-me as portas santas, a fim de que eu entre para agradecer ao Senhor. ²⁰Esta é a porta do Senhor: só os justos por ela podem passar. ²¹Graças vos dou porque me ouvistes, e vos fizestes meu Salvador. ²²A pedra rejeitada pelos arquitetos tornou-se a pedra angular. ²³Isto foi obra do Senhor, é um prodígio aos nossos olhos. ²⁴Este é o dia que o Senhor fez: seja para nós dia de alegria e de felicidade. ²⁵Senhor, dai-nos a salvação; dai-nos a prosperidade, ó Senhor! ²⁶Bendito seja o que vem em nome do Senhor! Da casa do Senhor nós vos bendizemos. ²⁷O Senhor é nosso Deus, ele fez brilhar sobre nós a sua luz. Organizai uma festa com profusão de coroas. E cheguem até os ângulos do altar. ²⁸Sois o meu Deus, venho agradecer-vos. Venho glorificar-vos, sois o meu Deus. ²⁹Dai graças ao Senhor porque ele é bom, eterna é sua misericórdia.

VISITA AO INSTITUTO TEOLÓGICO DE CAROLINA-MA, 1970

Senhor diretor do Instituto Teológico de Carolina
Pastor Wilson França: nosso paraninfo
Senhores, professores,
Caros colegas desta instituição de ensino

Parece que foi ontem ainda quando transpusemos os umbrais desta casa. Quase três dias, porém, são passados, dias de profunda alegria e constante deslumbramento.

É verdade que não nos surpreendemos. Nossa diretora já nos havia falado sobre a tradicional hospitalidade maranhense e mui especialmente desta instituição. Sabíamos que os diretores desta escola de Teologia eram pessoas dedicadíssimas à grande missão de desvendar as belezas espirituais e morais aos olhos da juventude. Sabíamos, outrossim, que os mestres eram realmente vocacionados para essa tarefa extraordinária que é abrir caminho para os que desejam subir o monte do conhecimento e da sabedoria.

Agrada-nos, portanto, quando estamos prestes a dizer adeus, poder dizer que foi coroado de êxito o nosso esforço. Não nos importa mais o pensar na chuva que nos surpreendeu na estrada ou na poeira ou em qualquer coisa desagradável que nos sucedeu na travessia... valeu a pena. Aquilo que aqui vimos, aquilo que aqui sentimos é agora um tesouro para nossa recordação e memória. Jamais nos esqueceremos de todos vós. Resta-nos, ao dirigirmos estas singelas palavras de despedida, estender, mais uma vez, nosso convite: nossas casas em Tocantínia estão abertas para vós. Nossos irmãos e parentes vossos irmãos e parentes serão. Nosso ginásio vos receberá de braços abertos.

Aceitai, pois, nossa profunda gratidão. Agora que a saudade já está se fazendo sentir em nossos corações, resta-nos um consolo: a lembrança de que, em novembro, teremos conosco vosso diretor.

Naquela ocasião procuraremos, embora de maneira simples, pois nunca poderíamos superar ou igualar o que aqui temos recebido, procuraremos manifestar de maneira mais concreta esse agradecimento que enche o nosso íntimo.

Recebei, pois, com estas palavras, o nosso coração; recebei o nosso reconhecimento, desculpai, vos peço, todas as faltas cometidas.

E agora, repito o que diz o livro que temos aprendido a amar em nosso ginásio:

O SENHOR TE ABENÇOE E TE GUARDE;
O SENHOR FAÇA RESPLANDECER O SEU
ROSTO SOBRE TI E TENHA MISERICÓRDIA
DETI: O SENHOR SOBRE TI LEVANTE
O SEU ROSTO E TE DÊ A PAZ.

ANIVERSÁRIO DA DONA BEATRIZ SILVA, FUNDADORA DO COLÉGIO BATISTA DO TOCANTINS

TOCANTÍNIA-TO, 1970

Saudações à dileta Pioneira

Senhores e Senhoras:

Passar pelo mundo fazendo o bem é apanágio das almas de eleição. Viver em meio de uma sociedade e conquistar-lhe a estima e a veneração é uma felicidade.
Foi o que conseguistes Oileta Pioneira. Alma generosa, feita de amor e bondade, de tal forma vos impusestes aos vossos irmãos que lhes conquistastes o respeito e a devoção.
Nem podia ser de outra forma. Dedicada até a sacrifício, não conheceis cansaço quando se trata de aliviar a dor alheia.
Onde houver um sofredor, lá estais a lhe esparzi sobre a fonte os eflúvios da caridade divina.
Como fiel discípula de Cristo, desprezais os bens terrenos porque vosso espírito e vossa inteligência se acham voltados para as coisas do céu.
Grande alegria é, pois para nós ter-vos em nossa companhia, malgrada a relutância com que acedestes ao nosso convite, para vos testemunharmos nosso respeito e nossa veneração.
Parabenizamos, pois, pelo natalício, e pedimos a Deus, que vos conserve para bem de todos nós e glória de seu serviço, são os votos que ardentemente fazemos.

Tenho dito.

SEMANA DA PÁTRIA TOCANTÍNIA-TO, 1970

Senhores e Senhoras:

Em todos os tempos foi sagrado e dulcíssimo o nome de Pátria.

Pátria, eis o imã que prende os nossos espíritos e une nossos corações.

Pátria é o encanto, é o fragmento de solo, onde vestimos as primeiras lágrimas e bebemos a primeira luz.

Também a nossa Pátria Brasileira se originou para figuras como nação, devido à dedicação de seus filhos, e o heroico exemplo dos patriotas que lutaram pela liberdade, um dia viram o seu glorioso raiar.

7 de setembro de 1822.

A Pátria Brasileira sentia-se que já podia andar com seus próprios pés e guiar os seus próprios destinos.

O Grito de Independência foi apenas a chave de ouro com que o povo Brasileiro escreveu a sua independência, já que ela estava cimentada na consciência de todos as Patrícias.

O exemplo da Inconfidência Mineira havia temperado a Bandeira de Libertação que chegou invicta àquele histórico 7 de setembro.

E, hoje, que mais uma vez as forças vivas da nacionalidade saem às ruas para homenagear civicamente a nossa independência, o povo tocantiniense associa-se a essas manifestações de civismo, exultando-se do Patriotismo mais puro.

Dignifiquemos, pois, a esta linda Pátria transbordante de amor, durante o dia de um risonho firmamento, coalhada a noite de astros, vê-se o relicário sublime das estrelas, num fascinante e eterno Cruzeiro do Sul, símbolo de uma terra bem brasileira.

Salve, pois, brasileiros e avante-nos por uma Pátria melhor.

Tenho decorrido.

BOAS-VINDAS, PARA O SECRETÁRIO DA JUNTA DE MISSÕES NACIONAIS DA CONVENÇÃO BATISTA BRASILEIRA, PASTOR SAMUEL MITES. TOCANTÍNIA-TO, 1970

Senhores e Senhoras:

Não poderia haver dia de festa mais jubiloso do que este.
A notícia de vossa visita galvanizou o povo desta instituição.
E aqui se acha eles, em massa, para vos recepcionar.
É um conhecimento para todas as qualidades que exornam vossa personalidade de secretário da Junta de Missões Nacionais, e nós aqui estamos para vos saudar.
A carreira que escolhestes é, sem dúvida, trabalhosa.
Arrancar almas da ignorância, iluminar espíritos em trevas, semear nas consciências juvenis o amor, a virtude e o bem.
Vossa carreira, senhor secretário, se vos apresenta cheia de espinhos e dificuldades, mas a vos bem lembrados de que o paraíso está a nossa espera, vossa alma se encherá, sem dúvida, de coragem jubilosa, na ânsia de lutas contra a ignorância e contra a escuridão.

E dentro de alguns minutos, quando em comunhão com esta multidão que ora me ouve atenta, tereis ocasião de sentir que minhas palavras traduzem fraca e palidamente os sentimentos que lhe entoam na alma.
Aceitai, pois, senhor secretário, mais uma vez, nossas calorosas boas-vindas e que Deus lhe proporcione bênçãos celestiais.

Tenho dito.

DIA DO TRABALHO
TOCANTÍNIA-TO, 1970

Saudações
Excelentíssimo senhor prefeito,
Senhor Valperino Gomes de Oliveira.
Digníssima diretora do Colégio Batista de Tocantínia,
Dona Margarida Lemos Gonçalves.
Senhores(as) professores(as).
Autoridades presentes.
Caros colegas e demais ouvintes.
Senhores trabalhadores.

Comemora-se hoje o Dia do Trabalho, dia que, em tempos não mui remotos, marcava um dia de luta, ódios, perseguições, retaliações e represálias.
Graças, porém, ao movimento constante no campo das ideias, o trabalhador tem agora seu lugar marcado na sociedade. Nem poderia ser de outra forma.
A riqueza não está, apenas, no acúmulo de bens, mas é sobretudo no trabalho. Não fora este e as riquezas que são seu fruto, não existiriam perante a população.
Eis porque capital e trabalho perfazem os termos de um binômio, os dois se completam. Não deverá o capital explorar o trabalhador, nem este há de querer explorar o capital.
Todavia, apenas das teorias filosóficas e dos esforços dos estadistas, a luta do trabalhador, por melhor compensação de seus serviços, ainda continua.
E o mal-estar que ainda se nota nos meios trabalhistas, não tanto da baixa renumeração, mas da desproporção que ainda se nota entre os lucros gananciosos das empresas e a renumeração injusta do trabalhador.
Entretanto, quão grande não tem sido o progresso, desde os tempos em que o homem do trabalho só tinha o direito a receber pelo seu esforço, o exclusivamente necessário para o seu mísero sustento e o da família.

Hoje, o que vemos? O próprio Estado se empenhando em dar ao trabalhador assistência, conforto, educação e bem-estar, moradia, transporte e semeando institutos de previdência, contas de rescisão, escolas e clubes.

O trabalhador não é mais uma pária, mas alguém que faz ouvir a sua voz em praça pública, no sindicato, na associação e que faz valer a sua vontade, exercendo o direito do voto. Mais do que nunca, a massa trabalhadora vem influindo nos destinos da Nação, na escolha de seus representantes políticos, comunitários e sindicalistas.

Razão tem, pois, o trabalhador de se regozijar. Na consciência de sua força, antes dispersa, hoje coesa, pode esperar por melhores dias. Basta, para tanto, que se mantenham unidos por um País democrático, firmes na luta por seus direitos dentro da justiça e da ordem, e do progresso da Nação.

Numa democracia por efeito, tudo se pode resolver dentro da ordem. Está na mão dos trabalhadores escolherem aqueles que, como seus representantes, estabeleceram as leis que os beneficiarão em suas reivindicações e anseios.

Exerçam, pois, esse direito e, sobretudo, fiscalizem os seus mandatários, não elegendo mais para legislaturas vindouras aqueles que não souberam honrar o mandato e utilizam do mesmo para benefício próprio, deixando o povo nas margens do esquecimento.

VIVA, POIS, OS TRABALHADORES.

NOSSA FORMATURA NO CURSO GINASIAL, NO COLÉGIO BATISTA DO TOCANTINS TOCANTÍNIA-TO, 1970

Senhores e Senhoras:

É mui significativa para nós esta hora. É um momento muito solene, quando a própria grandiosidade do instante se confunde com tudo aquilo que, através do seu simbolismo, recebemos, acrisolamos em nossa alma e levaremos pelo futuro afora. Aqui está o resultado de anos de trabalhos, de esforços ingentes e denodados, de mestres e progenitores, aqui está a síntese daquilo que nós, estudantes, fomos e demos de nosso coração na tarefa de estudar.

É o amor e é o reconhecimento que nos trazem aqui, unindo-nos mais uma vez, antes de tomarmos os rumos diferentes. Hoje recebemos nosso certificado de ginasianos. Para nós, esse papel é mais que um simples papel. Ele vale muito para nós, pois representa uma etapa vencida, um degrau subido, mais um pouco de avanço na conquista de nosso ideal. Alegra-nos este momento, pois de ora em diante, levaremos, além do precioso nome de nossas famílias, a categoria de ginasianos, tendo concluído o 1º Ciclo do Curso Secundário.

Cabe aqui uma palavra de gratidão a todos aqueles que nos prestigiam com suas presenças nesta hora. Aqui estão porque entenderam quão importante para nós é esta solenidade. Parabenizo-vos, pois quem dedica à cultura alguns de seus momentos, sem dúvida, tem os trunfos da vitória e do êxito em suas mãos.

Senhores, a educação é, sem dúvida, estrela de fulgor extraordinário, que conduz as criaturas na vida para um caminho e por um caminho pleno de gozo, felicidade e ventura.

É por meio do conhecimento, aliado a um profundo senso de presença de Deus, que o homem haverá de pôr fim às guerras e aos preconceitos, mancha que entristece a humanidade.

É verdade que vivemos num século quando a tecnologia se desenvolve sobremaneira e quando meios científicos os mais variados estão a serviço da cultura. E ao mesmo tempo vemos a guerra atingindo vários continentes;

e ao mesmo tempo homens se odeiam por causa da cor de suas peles ou por causa de ideologias. Não nos surpreende, porém, desde que, das duas condições mencionadas, uma não se desenvolveu.

Se o homem conseguiu, graças à sabedoria de sua mente, atravessar os espaços e pisar o solo de nosso satélite, se ao homem foi concedida capacidade para fazer alguém viver ainda meses com um coração que não lhe pertence, contudo o homem não cresceu muito naquele SENSO DA PRESENÇA DE DEUS. E por causa disso, as guerras aí estão, os preconceitos campeiam trazendo lágrimas não somente aos entes mais queridos dos mártires, mas a toda a humanidade. Quem não se comove ao pensar em JOHN KENNEDY, MARTIN LUTHER KING e outros?

Damos graças a Deus que, nesta casa de ensino, cada dia foi-nos chamada a atenção para DEUS. Vivendo neste ginásio por muitos anos, foram-nos dados ensinamentos teóricos e aulas práticas, nas assembleias, nos grêmios e no convívio comum, aulas de como viver na comunidade, amando a DEUS, respeitando o próximo e servindo os necessitados... Ao sairmos daqui, portanto, poderemos falhar, mas não por incúria, não por alheiamente daqueles que lá em casa e aqui na escola nos guiaram da infância à mocidade.

Senhores, aquilo que ontem para nós era um sonho, hoje se transforma em realidade. O que ontem era rotina, hoje se transforma em responsabilidade.

Com esse senso de responsabilidade, portanto, necessário é apresentar uma palavra aqueles que conosco palmilharam o caminho do lavor através dos anos: NOSSOS QUERIDOS E INCANSÁVEIS PAIS — NOSSOS PREZADÍSSIMOS E DEDICADOS MESTRES. Aos nossos pais que, no desejo de proporcionar aos filhos um futuro melhor, não mediram sacrifícios para nos dar a instrução. Aos mestres, que dia a dia enfrentavam muitas vezes a nossa má vontade, ou para dizer num linguajar bem conhecido de todos, o nosso *calandú*... A todos, portanto, muito devemos. Os primeiros nos trouxeram do berço à idade escolar, educando-nos no aconchego de nossos lares; os segundos, dando-nos o B-A-BÁ, e mais tarde os conhecimentos básicos das matemáticas e das outras ciências.

Queridos pais, prezados mestres, podeis estar certos de que vossos esforços não serão em vão. Procuraremos sair daqui para vida lá fora, sendo dignos de vosso nome, de vossa dedicação e de vosso amor. Não serão apenas por palavras que apresentaremos nossa gratidão. Nossos atos e nossa conduta hão de provar que realmente aprendemos de vossos ensinos e muito mais, de VOSSOS EXEMPLOS.

Ao nosso mui digno paraninfo, que sacrificou sua vida doméstica, seus afazeres de educador aplicado à nobre instituição que tivemos o privilégio de visitar, o INSTITUTO TEOLÓGICO BATISTA DE CAROLINA, nossa gratidão e nosso reconhecimento.

E agora chegou a hora difícil e cheia de amargura quando temos de nos despedir dos colegas queridos e dos mestres inesquecíveis. Mestres, muito agradecemos. Colegas, levemos bem alto, empunhemos com brilhantismo, o facho luminoso aqui recebido e com ele aclaremos o caminho com a verdade e contribuamos para o progresso de nossa pátria e para um Brasil melhor!

CONFRATERNIZAÇÃO DA FORMATURA DE BACHARELADO EM ADMINISTRAÇÃO DE EMPRESAS TOCANTÍNIA-TO, 1979

Senhores e Senhoras:

Gostaríamos, a princípio, de frisar o motivo do real encontro. Trata-se, sem margem de dúvida, de uma confraternização e comunhão de amigos e, por outro lado, de uma conquista estudantil ora realizada.

O motivo é bem claro e digno de ser retratado por todos nós a escolha do lugar de realização dentre as alternativas que nos apresentaram, sem vacilar chegamos à conclusão, escolhemos Tocantínia, Tocantins, para esta honrosa recepção, por entendermos ser a cidade do meu domicílio e dos meus pais, por se tratar do nosso meio, das nossas maiores raízes de amizades, porque temos certeza de uma receptividade forte e um reconhecimento maior por parte daqueles que nos acompanharam, nos estimularam, nos motivaram a andar no caminho mais certo e mais eficiente na conquista do nosso ideal.

Não poderia calar-me nem tampouco deixar passar em branco de revelar em público os meus queridos pais, ou seja, Senhor Agostinho Barros e Dona Vencerlina Mascarenhas, que como bons pais nos encaminharam no princípio da nossa formação e ao longo da nossa carreira, não medindo esforços, não medindo sacrifícios nem tampouco dificuldades. O meu sincero muito obrigado.

Aos meus amigos, aos meus conselheiros, aos meus incentivadores, aos meus estimuladores, o meu reconhecimento.

Estando ausente ao momento, todavia sua imagem de bom homem não nos faz esquecer daquele que dedicou a sua vida em prol da causa pública e da satisfação alheia. Trata-se, meus amigos, da pessoa do Tio Nelson Alves Louzeiro, ausente na imagem, todavia presente pelos seus méritos aqui deixados e em nosso sentimento registrado.

Sabemos dos sacrifícios e das dificuldades encontradas, no que referimos a nossa conquista, da qual dura e difícil, porém bem reconhecida por aqueles que souberem e sabem valorizar o homem de luta, o homem que não admite o fracasso como perda definitiva, e, sim, como estímulo a prosseguir no desafio da vida. Nos faz lembrar de um velho provérbio, porém novo em nossa filosofia, "O HOMEM IMPROGRESSIVO É SEMPRE UM HOMEM INFERIOR, ESTÁ MORTO APESAR DE VIVO". Seja em qualquer atividade, necessitamos da progressão como resultados e benefícios, virá a altura do nosso esforço, e sem dúvida melhora as nossas condições de vida bem como o próprio desenvolvimento para o nosso país, que espera ansioso pelo esforço brasileiro.

Alegra-nos ressaltar que desconhecemos a palavra derrota, nem tampouco acreditamos na sorte, e, sim, no nosso valor pessoal, na nossa força individual, na nossa personalidade definida, na nossa individualidade forte e vigorosa, é que conseguimos também com a vontade de Deus, e conquistamos o título de bacharel em Administração de Empresas; se a tal ponto chegamos é porque colocamos na escalada todo carinho, toda fé, toda vontade, toda energia e todo espírito de luta que possuíamos.

Ainda como parte de nossa formação, do nosso acolhimento, não me detenho em agradecer a presença de todos aqueles que nos cercam, bem como daqueles que nos acompanharam de Brasília a Tocantínia, como vejo entre eles a magnífica presença do empresário Joaquim Louzeiro, nos prestigiando com sua presença, mais uma vez, o meu sincero agradecimento e reconhecimento.

De uma coisa estou convencido, honrarei o título, procurarei desempenhar a nossa profissão da melhor maneira possível, pois assumi um compromisso com a nossa sociedade e, acima de tudo, com esse grande ciclo de amizade.

O meu muito obrigado.

Tenham uma noite bem divertida.

Tenho decorrido.

DESPEDIDA DE ÓRGÃO DE TRABALHO TAGUATINGA-DF, 1.984

Senhor Diretor.
Doutor João Félix.
Prezados Colegas.

Em apenas um ano e poucos dias de convívio diário, alegra-me poder afirmar que, durante este curto tempo, consegui aprender muito com vocês.

Por pertencermos a uma estrutura organizacional, fomos convidados a dar continuação de nosso trabalho no centro de saúde n.º 6, também de Taguatinga. Agradeço de coração as manifestações de solidariedade, e lá devo dizer que continuaremos com a mesma filosofia em servir e ser útil a todos.
Procuramos olhar de perto todos os problemas dos quais defrontamos, conciliando, sempre que possível, servidor e empregador, promovendo a todo custo, senhores, o senso de justiça. Sou sabedor de que não conseguimos resolver tudo, pois reconhecemos que somos seres humanos e temos nossas falhas e nossas limitações, das quais peço desculpas, afirmando, no entanto, que os propósitos foram os melhores possíveis.
Agradeço a compreensão de todos e peço a Deus que os oriente em suas difíceis missões de trabalho, na luta de combate à doença em que convivemos no dia a dia e, acima de tudo, que os defendam dos rumos incertos.

Muito obrigado.

FUNDAÇÃO DA ASSEMBLEIA COMUNITÁRIA TAGUATINGA-DF, 1984

Ilm. Sr. Antonio Clementino Neto
(Conhecido popularmente como MAESTRO)
Mui Digno: deputado comunitário
Presidente da Assembleia Comunitária do Distrito Federal.
Presidentes de Associações.
Demais Autoridades.
Jovens, Senhores e Senhoras.

É importante ressaltar, valorizar e parabenizar aos idealizadores da tão brilhante ideia e de toda equipe unida na criação desta entidade sem fins lucrativos cuja finalidade fundamental é exclusivamente defender uma comunidade que ainda não adquiriu sua emancipação política.

Parabenizamos a todas as associações do Distrito Federal e aos seus representantes homens lutadores, cujo lema é tão somente serem PORTA-VOZES dos problemas do povo nesta grande e complexa metrópole.

Como servidor público e sempre um lutador e defensor do trabalho comunitário, devo deixar bem claro que fomos beneficiados com prestações de serviços em sistema de MUTIRÃO, e outras modalidades e, até mesmo, sem as condições adequadas e necessárias, por meio das associações de moradores do Setor "M" Norte, Setor QNG e Vila Maestro, todas de Taguatinga.

Estamos certos de que a assembleia comunitária irá, sem dúvida, representar junto às autoridades as reivindicações de nossa população e ainda aumentar, buscar e fazer crescer o desejo deste povo por seus representantes políticos em todos os níveis.

A todos aqueles que participaram na eleição deste presidente, não há dúvida que ele irá, a todo custo, procurar fazer uma boa administração.

Quando fazemos tal colocação é porque conhecemos o corajoso maestro, como cidadão, homem honrado, chefe de família, líder comunitário, trabalhador e lutador incansável, não mede sacrifícios na busca de solução dos problemas da coletividade.

Senhor Presidente, façamos votos de muitas conquistas, desejamos que Deus o ilumine na escalada espinhosa, todavia reconhecida por todos aqueles que ainda padecem, às vezes, da injustiça social.

Muito obrigado a todos.

DESPEDIDA DE ÓRGÃO DE TRABALHO TAGUATINGA-DF, 1985

Ilm.ª Sr.ª
Dr.ª Helen Selma de Abreu Freitas.
Diretora deste Centro de Saúde
.
Ilm. Sr.
Raimundo Soares Aragão.
Presidente da Associação de Moradores do Setor QNG
Companheiros e Companheiras.

Após um ano de ausência, retornamos amadurecidos, com maiores conhecimentos e vivência profissional.

Na nossa ausência, por mais que tentássemos, não conseguimos esquecer os dias de nossa convivência aqui nesta Unidade de Saúde.

Retornamos com o mesmo espírito de justiça e solidariedade, sensibilidade e motivação para o trabalho.

Na nossa vida profissional, temos sempre procurado acertar, erramos, às vezes, reconhecemos as nossas limitações e jamais cometemos a ingenuidade de tentarmos ser perfeccionistas. Pautamos nossas ações com humildade, no entanto encaramos as situações novas de peito erguido, cabeça aberta e braços de operário. Voltamos a luta para o lado dos companheiros de trabalho e da comunidade em geral, buscarmos solucionar os problemas que nos afligem.

Não nos limitaremos à retórica deste discurso, vimos prontos para reintegrarmos o trabalho. Queremos ser, agora, como fomos antes o elemento de ligação entre os funcionários e os escalões superiores, entre a população e o poder. Não vimos ser senhor, mas, ser servo. Não vimos com pacote de soluções, mas com a preocupação de encontrá-las.

Esperamos que, no nosso retorno, nossa casa continua de portas abertas a todos aqueles que necessitam dos nossos serviços e muito mais que nossa equipe continue unida responsável e justa como sempre foi.

Nos sensibiliza termos sido honrados com a solidariedade dos colegas de trabalho e da comunidade aqui representada pelo Sr. Presidente da Associação de Moradores do Setor QNG, o companheiro Raimundo Soares Aragão, que se mobilizaram no sentido de solicitar nosso retorno. Acreditem, senhores, esta atitude nos gratificou enormemente.

Fazemos tornar público nossos agradecimentos à manifestação de carinho demonstrada nesta recepção. Sabemos dos sacrifícios por que os senhores passaram para organizar este evento. No entanto, senhores, o vernáculo não dispõe de palavras que verdadeiramente possam expressar a emoção que sentimos neste momento.

Muito obrigado. Deus saberá recompensá-los.

OUTRA DESPEDIDA DE ÓRGÃO DE TRABALHO TAGUATINGA-DF, 1985

Ilm.ª Sr.ª
Dr.ª Dione Cavalcante Monteiro.
Diretora deste Centro de Saúde.

Companheiro Everardo
Prezados Servidores

Neste curto período, congratulamos em afirmar que parte de nossa missão está cumprida. Ao final de mais um período, nós voltamos com desmedidos esforços, desprendimento e participação. Conseguiram vocês nos dar a agradável sensação de termos cumprido, aperfeiçoado, mais um degrau nesta grande e espinhosa escalada da vida.

Agradecemos sua brilhante participação, sem a qual temos certeza, dificilmente teríamos alcançado nossos objetivos.

A frieza dos números, transmitindo a falsa ideia de resultados modestos, não consegue esconder a nobreza das ações daqueles que, humildemente, com braços de operários, contribuíram para que as metas fossem alcançadas.

Não esquecemos jamais que desencontros, aborrecimentos, suor e até mesmo lágrimas estão depositados na construção que edificamos. Porém, temos a consciência: "nossos esforços não foram em vão". Das nossas difíceis atividades, resultam benefícios incontestáveis na conquista e manutenção do homem, ou seja, a SAÚDE.

Por mais que as dificuldades e incertezas tivessem diminuído seu ânimo, você se revestiu em força, coragem, senso de justiça e muito otimismo para que juntos, servidor e comunidade, pudéssemos aperfeiçoar parte de nosso trabalho.

Ao companheiro Everardo, nossos votos de boas-vindas e que venha cada vez mais levar em frente este barco muito pesado, todavia com a união da equipe e a força de todos.

Ao sairmos deste Centro para o outro, apenas fisicamente estaremos ausentes, mas em espírito continuaremos sempre com vocês. Colocamo-nos à disposição dos senhores com o único propósito de servi-los, sem medir jamais esforços. Podem contar e nos ter como amigos.

Muito obrigado.

MANIFESTO DE APOIO EM ELEIÇÃO NA FUNDAÇÃO HOSPITALAR DO DISTRITO FEDERAL TAGUATINGA-DF, 1985

Senhores e Senhoras:

Com o advento da **"Nova República"**, a Comunidade vislumbrou a possibilidade de indicar os nomes que guiariam seus destinos. O povo de Brasília, alijado da condição da participação, cassado no seu direito de cidadania para eleger seus próprios representantes. Na Secretaria de Saúde, ocorreu um lampejo de democracia no momento em que os servidores puderam escolher seus dirigentes regionais, chefes de unidades médicas e chefes de centro de saúde. Restringiu-se, no entanto, aos cargos mencionados a participação dos funcionários. O anseio da comunidade e dos servidores da **"FHDF"** vai além do que lhes foi concedido, queremos poder eleger em todos os níveis os elementos capazes que conduzirão as ações da entidade que, sem dúvida, poderão responder à altura os desejos do povo. Na perspectiva de se fazer ouvir as associações de moradores, entidades afins, lideranças comunitárias e servidores da FHDF, vêm de público manifestar seu apoio ao funcionário **Arnoldo Mascarenhas Barros** para o cargo de **"Administrador Hospitalar do HRT"** – Hospital Regional de Taguatinga, por reconhecer suas potencialidades, sua identificação com a comunidade, bem como o esmero, a dedicação e a competência que sempre nortearam suas atividades dentro da Fundação Hospitalar do Distrito Federal, nos cargos de confiança que sempre desempenhou.

Assinado por:

Sebastião Júlio de Oliveira – **Pres. Centro Soc. Rec. Bernardo Sayão.**

José Valentim de Oliveira – **Pres. Associação de Moradores M-Norte.**

DESPEDIDA DE ORGÃO DE TRABALHO TAGUATINGA-DF, 1985

Aos Colegas Desta Unidade de Saúde e a Todos Amigos.

Senhores e Senhoras:

Agradeço de coração a confiança que nos foi depositada durante esses cinco anos de convívio diário nesta Fundação.

Plantamos nossa meta, fazendo o bem, semeando justiça, defendendo os humildes; todavia aquele que abraça este caminho não tem dúvida que sempre e sempre encontrará espinhos e muitas barreiras na caminhada da vida. Mas não paramos por aqui, não mudaremos jamais nossa filosofia, nossos objetivos são infinitos, e não consideremos fracos por não termos atingido o alvo na primeira tentativa. Jamais penduraremos as esperanças no colo da impossibilidade.

Distante fisicamente, próximo espiritualmente, deixamos nossos companheiros com a agradável sensação do dever cumprido. Recomendo aos que ficam que continuem como sempre o fizeram, sendo úteis à COMUNIDADE, pois ela necessita imensamente de sua parcela de contribuição.

Este endereço não é só meu, pertence também a vocês. Desejo, como sempre fiz, manter o mesmo elo de amizade e principalmente agora.

C.5 Lote 5 Apt. 301 – Edifício Fernanda Job, Taguatinga Centro.

Fones Recados: 561.4831 e 581.1854.

Desculpe nossas falhas, e obrigado por tudo.

Arnoldo Mascarenhas Barros
Ex. Administrador do CST/01, (Centro de Saúde n.º 1 de Taguatinga-DF)

50º ANIVERSÁRIO DO COLÉGIO BATISTA DO TOCANTINS TOCANTÍNIA-TO, 1986

Excelentíssimo Senhor,
Prefeito Municipal de Tocantínia
Sr. Valdemir Alves Campelo.

Sr.ª Diretora do Colégio Batista de Tocantínia
"Dona" Margarida Lemos Gonçalves.
Digna Pioneira e Fundadora desta entidade
"Dona" Beatriz Silva.

Prezados Professores e Servidores
Prezados alunos
Demais autoridades presentes
Meus companheiros ex-alunos
Senhores e Senhoras:

Com o propósito de servir a todos indistintamente, instalou-se nesta cidade o Colégio Batista do Tocantins, onde humildemente, sem as condições necessárias ao funcionamento adequado, mas com o desejo de luta, a coragem e a liderança de seus mestres, o trabalho coordenado e disciplinado, a credibilidade, a necessidade e o apoio da população, a missão divina e, acima de tudo, a orientação de Deus, ampliou-se, consolidou-se, este egrégio estabelecimento.

A nossa pioneira e fundadora, Dona Beatriz Silva, que nunca mediu sacrifícios para que, a todo custo, suas metas, nossas metas, fossem alcançadas, agradecemos por tudo que recebemos.

A todos mestres, que deram continuidade a este trabalho, vai aqui de público o nosso reconhecimento pela dedicação, o empenho, com que sempre desempenharam suas delicadas, difíceis e sacrificadas atribuições.

Digna Pioneira,
Senhores Mestres.

Distantes de suas terras natais, distantes do aconchego familiar, todavia próximos de uma nova família, família esta que, sem dúvida, reconhece e agradece por este grande desafio do qual o beneficiado maior somos nós.

Senhores e Senhoras:

Como ex-aluno, não poderia deixar de manifestar a nossa satisfação, por este organizado e comovedor encontro. Manifesto a saudade dos dias que aqui convivi; manifesto o carinho com que sempre fomos tratados; manifesto o senso de organização aqui absorvido; manifesto o perfil, o comportamento e a disciplina que aqui aprendi; enfim, manifesto, pelas boas maneiras, a solidariedade humana para melhor concorrermos na sociedade.

Prezados alunos:

Procurem absorver o máximo possível dos ensinamentos aqui transmitidos, pois temos certeza de que os serão de grande valia para o desafio e a caminhada que a vida nos oferece.

Parabéns, senhores mestres,
Parabéns, toda equipe,
Parabéns, prezados alunos,
Parabéns ex-alunos,
Parabéns, Tocantínia,
Parabéns, Brasil, por este grande privilégio;
Mestres, Deus os reconhecerá por tudo isto.

Parabéns, Colégio Batista, você foi, o é, e sempre será importante para nós.

Muito obrigado a todos.

Do:
Ex-aluno: Arnoldo Mascarenhas Barros
Ao:
"COLÉGIO BATISTA DO TOCANTINS"
Senhores e Senhoras:

Assunto: DIA DO EX-ALUNO COMEMORADO NO ANIVERSÁRIO DE 50 ANOS DO COLÉGIO BATISTA DO TOCANTINS. TOCANTÍNIA-TO, 1986

Foi com grande satisfação que participamos do evento acima citado. Alegra-me poder reconhecer e agradecer os ensinamentos, o senso de organização, a justiça, a disciplina, o carinho, a solidariedade humana de toda equipe deste egrégio estabelecimento.

Senti-me como se estivesse em meu lar, todavia com uma diferença assustadora ao lembrar que este convívio não demoraria, e, ao saber que o 5 de julho de 1986, seria muito pouco para matar a grande SAUDADE.

Chego, às vezes, ser interrogado se participo de alguma organização social. Pergunto por quê? Pelo seu comportamento diferente, suas boas maneiras diante do próximo e dos desafios da vida. Respondo prontamente: não. Todavia, estudei no "Colégio Batista do Tocantins" e agradeço a Deus por este grande privilégio.

Parabéns, Pioneira; parabéns, diretoria; parabéns, toda equipe; parabéns, alunos; parabéns, ex-alunos; parabéns, Tocantínia; parabéns, Brasil.

PARABÉNS, "COLÉGIO BATISTA DO TOCANTINS", QUE NÃO PAROU DE CRESCER, VOCÊ O FOI, O É, E SEMPRE SERÁ IMPORTANTE PARA NÓS.

À nossa fundadora e a todos integrantes, que Deus os conservem com muita saúde para o bem da humanidade.

O MEU MUITO OBRIGADO POR TUDO.

MANIFESTO AO CONDOMÍNIO DE BLOCO

Do proprietário do apt. 301 do Edifício Fernanda Job – Taguatinga-DF.
Arnoldo Mascarenhas Barros.

À COMISSÃO RESPONSÁVEL PELA ADMINISTRAÇÃO DO
CONDOMÍNIO.
TAGUATINGA-DF.
TAGUATINGA-DF, 1987.

Senhores e Senhoras:

Ao me mudar deste bloco, tenho o prazer de tornar público o elogio conquistado pelo companheiro João Vicente dos Santos, pelos ótimos serviços prestados ao condomínio e ao bem dos condôminos em geral.

O amigo Vicente, ao entregar, em 17/01/87, irrevogável o cargo de síndico, demonstrou muita potencialidade pela grande administração que teve, dedicado, capacitado, esmero, como poucos, responsável, sempre solícito, não medindo esforços no desempenho das tarefas a si atribuídas, exerceu com dignidade, lealdade e eficiência a função de síndico deste bloco.

Muitas vezes, sacrificou sua família e suas amizades em prol da nossa comunidade, sacrifício esse que exigiu de sua pessoa muito trabalho. Muitas vezes, deparamos com a sua preocupação em dar a essa comunidade conforto e segurança.

Não escondia o seu aborrecimento com pessoas interessadas em desestabilizar sua administração, mas soube relevar tal impasse, demonstrando, assim, competência e qualidade.

Todos aqueles que acompanharam o seu trabalho são testemunhas que, durante a sua gestão à frente do condomínio, nunca mais contamos com a falta de água, energia elétrica, elevadores, luzes, segurança, higiene do bloco e com a fantasma taxa extra. Tudo funcionou em perfeitas condições.

Na entrega do cargo, Vicente declarou que estava deixando a administração do condomínio com todas as despesas e os débitos pagos, com isso, mostrou a sua real qualidade.

Parabéns Vicente, fica na lembrança a sua imagem de grande administrador, capacitado que é, excelente companheiro, sua honestidade e conduta moral jamais deixaram a desejar.

Ao amigo Vicente, o meu abraço.

E À COMISSÃO, sucesso em sua administração.

ANIVERSÁRIO DO COLÉGIO BATISTA DO TOCANTINS
TOCANTÍNIA-TO, 1988

Excelentíssimo Senhor,
Prefeito Municipal de Tocantínia
Sr. Manoel Bandeira Neves.
Sr.ª Diretora do Colégio Batista de Tocantínia
Professora Tilda Evaristo de Sousa.
Digna Pioneira e Fundadora desta entidade
"Dona" Beatriz Silva
Prezados professores
Prezados servidores
Prezados alunos
Demais autoridades presentes
Meus companheiros ex-alunos
Senhores e Senhoras:

Com o propósito de servir a todos indistintamente, instalou-se, nesta cidade, o Colégio Batista do Tocantins, onde humildemente, sem as condições necessárias ao funcionamento adequado, mas com o desejo de luta, a coragem, a liderança, o trabalho coordenado, a disciplina, a credibilidade, a busca em sempre acertar, a necessidade, o apoio da população, a missão divina e, acima de tudo isso, a orientação de DEUS, ampliou-se, consolidou-se, este egrégio estabelecimento.

A nossa pioneira e fundadora, "Dona" Beatriz Silva, que nunca mediu sacrifícios para que os objetivos fossem alcançados, os nossos sinceros reconhecimentos.

A nossa ex-diretora, "Dona" Margarida Lemos Gonçalves, segue aqui a nossa gratidão pela grande e valiosa parcela de contribuição.

A diretoria atual, a todos mestres e servidores, que estão a dar continuidade a este trabalho, vai aqui de público a nossa satisfação, pelo empenho com que sempre desafiaram os cargos que lhe são atribuídos.

Digna Pioneira,
Senhores Mestres.

Distantes do aconchego familiar, longe de suas origens, todavia próximos de uma nova família, família esta que, sem dúvida, reconhece e agradece por este grande benefício, do qual os maiores usufruidores somos nós.

Senhores e Senhoras:

Como ex-aluno, não poderia deixar de manifestar a nossa satisfação, por este organizado e comovedor encontro. Manifesto a saudade dos dias que aqui convivi; manifesto o carinho com que sempre fomos tratados; manifesto o senso de organização aqui absorvido; manifesto o comportamento e a disciplina que aqui aprendi; enfim senhores, manifesto, pelas boas maneiras, pela solidariedade humana da qual absorvemos para a todo instante, enfrentarmos os grandes desafios que a sociedade, a cada dia, nos impõe.

Prezados alunos,

Na qualidade de ex-aluno, eu diria, procurem absorver o máximo possível dos ensinamentos aqui transmitidos, pois temos certeza de que os serão de grande valia para enfrentar os obstáculos que, a cada dia, a vida nos proporciona.
Em meu nome, e em nome dos companheiros ex-alunos, queremos aqui deixar registrados os nossos parabéns.

Parabéns, senhores mestres;
Parabéns, toda equipe;
Parabéns, prezados alunos;
Parabéns, companheiros ex-alunos;
Parabéns, Tocantínia, por este grande privilégio;
Mestres, Deus os reconhecerá por tudo isto.

Parabéns, Colégio Batista, você foi, o é, e sempre será importante para nós.

Muito obrigado a todos.

AGRADECIMENTO PELA ELEIÇÃO DA FUNDAÇÃO HOSPITALAR DO DISTRITO FEDERAL TAGUATINGA-DF, 1988

Ilm. Sr.
Secretário de Saúde do DF
Deputado Carlos Mosconi.
Ilm. Sr.
Diretor do Departamento de Recursos Humanos da FHDH
Dr. Alberto Henrique Barbosa.
Ilm. Sr.
Diretor do Hospital Regional de Taguatinga
Dr. Waldomiro Costa Nunes.

Prezados Servidores:

No momento em que o País caminha para a democracia plena, nós, os servidores da Fundação Hospitalar, agradecemos de público a tão brilhante e acertada iniciativa, recentemente implantada em nosso meio pelo Ilm. Senhor Secretário de Saúde Dep. Carlos Mosconi, que não mediu esforços para que, a todo custo, fosse realizada a escolha de nossos dirigentes pelo sistema mais democrático possível, ou seja, a participação de todos por meio do voto.

Dentre essa escolha, a nossa coordenação na disputa acirrada, congratulamos com a vitória do amigo de todos, Dr. Waldomiro Costa Nunes, cidadão, homem honrado, lutador e promovedor de justiça, ele não mede sacrifícios na busca de solução dos problemas da coletividade. E nesta disputa, na qual procuram denegrir sua imagem, chegaram ao ponto de anunciar como o candidato oficial do Dep. Tapety adversário do Mosconi. Sabemos que Dr. Waldomiro o é assim como também o sou amigo pessoal do parlamentar. Por outro lado, entendemos que, em uma campanha eleitoral, devemos buscar o apoio de todos os segmentos da sociedade e, principalmente, de um

ex-diretor que também deixou seu lastro de amigos e bons trabalhos aqui realizados. E com esse espírito de aperfeiçoamento, este hospital conclama as autoridades competentes no sentido de que a escolha para os demais cargos de direção seja o mais democrático necessário com o propósito de promover oportunidades a todos, evitar o continuísmo desagradável e os dirigentes indesejáveis. Basta o autoritarismo passado, basta a falta de participação, basta a falta de oportunidade, basta a repressão, em que uma grande maioria dos que me ouvem padeceu sem dúvida de pressão e coação.
"A todos aqueles que neste evento tomam posse de seus cargos, sucesso e felicidade no decorrer de suas gestões".
Dr. Waldomiro, visto como o diretor do servidor humilde, pelo seu alto grau de humanidade, de uma coisa estamos certos, este povo humilde está no seu lado para contribuir e colaborar no sentido de que seus objetivos, que também são nossos, venham concretizar.

Conte conosco.
Tenho dito.

ELEIÇÃO NA ASTEC – ASSOCIAÇÃO DOS SERVIDORES DO TRIBUNAL DE CONTAS DO ESTADO DO TOCANTINS PALMAS-TO, 1991

Ilm. Sr.
Dr. Antônio Gonçalves de Carvalho Filho
Presidente da Comissão Eleitoral da ASTEC (Associação dos Servidores do Tribunal de Contas do Estado do Tocantins)

EQUIPE DA COMISSÃO
SENHORES:

- Álvaro Machado de Sá – Secretário
- Raquel Medeiros Sales – Relatora
- Alberto Jorge Carvalho Maciel – Membro
- Companheiro Moisés Vieira Labre – Presidente Eleito
- Demais componentes desta Diretoria
- Prezados associados:

No momento em que o País caminha para consolidação de uma democracia plena, é com satisfação, senso de reconhecimento, que encontramos na pessoa de nosso dirigente, Dr. Gonçalves, a participação ativa neste processo, ou seja, a colaboração e o apoio, fazendo com que venha surgir, em nosso meio, nossa ASSOCIAÇÃO, com propósito de discutir, sugerir e buscar alternativas, para que possamos melhor atingir nossos objetivos. Sabemos que ele nunca mediu esforços em busca de benefícios para esta entidade. Vai aqui nossos agradecimentos.

Recebi com gratidão a indicação de nosso nome para compor a diretoria e agradeço de coração a confiança em mim depositada.

Na nossa vida COMUNITÁRIA, temos sempre procurado acertar, erramos, reconhecemos nossas limitações, todavia jamais cometemos a ingenuidade de tentarmos ser perfeccionista. Pautamos nossas ações com humildade, SENSO DE JUSTIÇA, no entanto, com o apoio e a força dos companheiros, encaramos as situações novas de peito erguido e com o desejo maior de encontrar a solução.

Consciente da responsabilidade do cargo que ora ocupamos, conclamamos toda DIRETORIA e, em especial, nosso PRESIDENTE, conscientizando-nos de que a ASSOCIAÇÃO É DO ASSOCIADO E PARA O ASSOCIADO. Somos, na verdade, os condutores e executores de suas aspirações. São eles, senhores, os verdadeiros proprietários de nossas ações.

Senhor Presidente,

Venho de público transmitir o desejo e anseio de vários ASSOCIADOS. Eles desejam ter uma participação maior no processo de decisão desta entidade.

Senhores associados,

Sua participação nas reuniões é que faz com que os maiores desejos e objetivos sejam alcançados. Você é, e sempre será, a maior força da ASSOCIAÇÃO.

Mais uma vez, agradeço a lembrança do nosso nome, informando que não desejamos jamais ser SENHOR, mas, sim, ser SERVO. Não vimos com pacotes de soluções, todavia com a preocupação de encontrá-las.

Não nos limitaremos à RETÓRICA desse discurso, desejamos trabalhar, servir e ser útil a todos.

Senhores, existimos para servir, que Deus nos oriente e conte conosco.

OBRIGADO A TODOS.

DIA DO GRÊMIO DOS EX- ALUNOS DO COLÉGIO BATISTA DO TOCANTINS. TOCANTÍNIA-TO, 1991

- Excelentíssimo Senhor Prefeito Municipal de Tocantínia, Dr. Raimundo Arruda Bucar
- Sr.ª Diretora do Colégio Batista do Tocantins, Professora TILDA EVARISTO DE SOUZA
- Digníssima Pioneira, fundadora deste Estabelecimento de Ensino e Presidente de Honra do Grêmio dos Ex-Alunos, **Dona Beatriz Silva**
- Prezados Professores,
- Prezados Servidores,
- Caros Alunos,
- Autoridades Civis, Militares, eclesiásticas, presentes,
- Meus companheiros **Ex-Alunos**,

Senhores e Senhoras:

Não poderia haver dia de festa mais jubiloso do que este

Este dia traduz o reencontro de todos aqueles que aqui passaram e absorveram parte dos ensinamentos transmitidos, por estes incansáveis mestres deste egrégio estabelecimento de ensino.

Com o objetivo de servir a todos indistintamente, instalou-se em nossa cidade, humildemente sem as condições adequadas, mas com o desejo de luta, a coragem, a liderança, o trabalho coordenado e disciplinado, a credibilidade, o apoio da população e, acima de tudo, a orientação divina, ampliou-se e consolidou-se nosso **Colégio Batista de Tocantins**.

Mestres,

Não temos dúvidas de que nosso colégio contribuiu e continua contribuindo no combate ao mau maior que infelizmente ASSOLA a grande maioria de nossos brasileiros. Refiro-me àqueles que ainda vivem na escuridão do

ANALFABETISMO. Em nosso estado, é alarmante essa situação, atingindo um percentual de **62,30%**, que, em certas regiões, se eleva para **83%**, consequentemente, retardando o progresso, o crescimento e o desenvolvimento de nosso País. Sabemos que eles não são culpados por essa situação, todavia, conclamamos aos representantes do POVO, que ainda foi e sempre será a melhor aplicação do dinheiro público na manutenção e no desenvolvimento do ensino, ou seja, educação para todos. Sem contar que esse benefício é o que sempre fez este colégio, desde as primeiras lições até a continuação para uma profissão definida daqueles que passaram por aqui.

Senhores Mestres,

Já é bastante visível encontrarmos a todo instante profissionais **EX-ALUNOS** desta casa, desempenhando CARGOS de grande valia para a comunidade, e sabemos que tudo isso é fruto das mensagens aqui recebidas.

Prezados Alunos,

Procurem absorver, da melhor maneira possível, os ensinamentos aqui transmitidos, pois temos certeza de que os serão de grande importância para o desempenho de suas futuras atribuições.

Digna Patrona,

Senhora Diretora,

Prezados Mestres,

Longe de suas origens, do aconchego familiar, do conforto dos grandes centros, todavia, é com grande reconhecimento e pedimos a Deus, nosso Mestre maior, que continue orientando-os nesta espinhosa e difícil missão, ou seja, ILUMINAR ESPÍRITOS EM TREVAS e semear a CULTURA para todos.

Em meu nome e em nome dos companheiros **EX-ALUNOS**, desejamos agradecer toda participação que aqui tivemos, sem a qual dificilmente teríamos alcançado nossos objetivos.

Agradecemos nossa Patrona,

Agradecemos nossa Ex-Diretora: **Dona Margarida**.

Agradecemos a Diretora atual,

Agradecemos a todos Mestres e Servidores,

Agradecemos nossos familiares por terem nos proporcionado esta oportunidade,

Nosso agradecimento maior a Deus, por ter nos dado esta dádiva em nossas vidas.

Senhores,

POVO ESCLARECIDO, PAÍS DESENVOLVIDO.

Obrigado COLÉGIO BATISTA,

Obrigado a todos.

ANIVERSÁRIO DO VICE – PRESIDENTE DO TRIBUNAL DE CONTAS DO ESTADO DO TOCANTINS
PALMAS-TO, 1993

- Excelentíssimo Senhor **João de Deus Miranda Rodrigues**
Presidente do Tribunal de Contas do Estado do Tocantins.
- Dr. **José Ribamar Meneses**
Conselheiro do Tribunal de Contas deste Estado.
- Dr. **Herbert Carvalho de Almeida**
Procurador Geral de Contas.
- Dr. **Ibamar Tavares**
Diretor de Controle Externo.
- Dr. **José Wagner Praxedes**
Chefe da Auditoria.
- Demais **AUTORIDADES** presentes.
- Ilustres **CONVIDADOS**.
- Meus companheiros – **COLEGAS DE TRABALHO**.
- Comissão Organizadora do Evento
Dr. **Silson e Meirivaldo.**
- Nosso Homenageado Maior desta noite
O ANIVERSARIANTE – Dr. **Antônio Gonçalves de Carvalho Filho**
Conselheiro Vice-Presidente do Tribunal de Contas deste Estado.

Senhores e Senhoras:

Convidado pela comissão organizadora desta festa, a homenagear o ilustre aniversariante, meditamos um pouco por sabermos da tamanha responsabilidade da qual estávamos assumindo. No entanto, consciente da missão a cumprir, resolvemos agradecer e dizer em público tudo aquilo que sentimos e ainda mais o que tanto merece o Dr. Antônio Gonçalves.

Não poderia haver dia de confraternização mais jubiloso do que este.

E este dia traduz para todos nós, na pessoa do Dr. Gonçalves, o reconhecimento, dos desmedidos esforços, por mais que as dificuldades e incertezas tivessem diminuído seu ânimo, ele sempre revestiu em força, coragem, senso de justiça e muito otimismo para que suas metas e seus objetivos a todo custo fossem alcançados. Não esqueceremos jamais, Dr. Gonçalves, que desencontros, aborrecimentos, suor e muitos sacrifícios estão depositados na construção que o senhor edificou. No entanto, seus esforços não foram em vão das difíceis atividades, resultaram em benefícios incontestáveis e aqui se encontra presente todo este público para congratular com a sua conquista, que também é nossa, a valorização do ser humano, a preocupação com o semelhante, a simplicidade seu mérito maior, a humildade, a sensibilidade perante as causas sociais, o esmero, a dedicação, a potencialidade, a competência, a disciplina perante as causas públicas, o desejo insaciável de colaborar, contribuir e ajudar sempre e sempre o próximo, tudo isso traduz os resultados modestos, que, como guerreiro, lutador, dotado de uma inabalável firmeza de vontade, uma grande tenacidade e muita confiança no próprio valor, nortearam suas atividades. Jamais conseguiremos esconder e esquecer as nobrezas de suas ações.

Dr. Gonçalves, é diante de tudo isto que, em meu nome, quero agradecer a oportunidade que me foi proporcionada em se tratando de minha vida profissional. Agradeço também ao Dr. Ibamar Tavares, humano e dedicado às causas dos servidores. Ao Dr. José Ribeiro, que sempre me estendeu as mãos nos momentos mais críticos da minha profissão. Agradeço, ainda, a todos aqueles que, de uma forma ou de outra, contribuíram para que nossos objetivos fossem alcançados.

Parabenizamos a comissão organizadora, na pessoa do Dr. Silson, apesar de pouco convívio em nosso meio, notadamente é comprovado o seu espírito e desejo de sempre ser útil a todos, companheiro dotado de bom relacionamento e sensível diante dos problemas que lhe são apresentados. Ao Meirivaldo, os nossos agradecimentos por esta inesquecível oportunidade.

ILUSTRE ANIVERSARIANTE.

É o reconhecimento que nos traz aqui, unindo-nos para juntos comemorarmos esta data de grande significância para todos nós. Grande alegria é, pois, para nós ter-vos em nosso constante convívio. Em meu nome e em nome de todos aqui presentes, PARABENIZAMOS, pois, pelo natalício e rogamos a Deus, que vos conserve sempre assim para o bem de todos nós e a glória de nosso trabalho, são os votos que ardentemente fazemos.

PARABÉNS, Dr. Gonçalves, e FELIZ ANIVERSÁRIO.

MENSAGEM AOS ALCOÓLATRAS ANÔNIMOS DO GRUPO SANATÓRIO ESPÍRITA DE BRASÍLIA -- DF
À: CENTRAL DE SERVIÇOS ANÔNIMOS DO DISTRITO FEDERAL (EDF). JOCKEY CLUBE, N.º 306 - 3º ANDAR, FONE: 226 - 0091, CEP: 70300-600 - BRASÍLIA-DF.

BRASÍLIA-DF, 1994

Senhores e Senhoras:

Parabenizamos pelo excelente trabalho que esta entidade vem desenvolvendo em prol dos dependentes do álcool. Todavia, não é do nosso conhecimento que ela esteja atuando na parte que concerne PREVENTIVA. Entendemos ser a de maior importância, ou seja, conscientizar o homem que não bebeu e aquele que ainda não é dependente dos grandes transtornos e desencontros que a bebida venha, com certeza, lhes proporcionar.

Como participante do "A.A.", sinto-me constrangido em dizer que pertenço e esta entidade, por uma razão muito simples. Refiro-me ao seu nome ALCÓOLICOS ANÔNIMOS, sou conhecedor de uma grande quantidade de pessoas que necessitam dos tratamentos devidos e não o frequentam por terem uma IMAGEM A ZELAR perante o público e, principalmente, junto ao trabalho. É NOTÓRIO E SABIDO QUE ESTE NOME TRAZ UMA CONOTAÇÃO TOTALMENTE NEGATIVA. (Querem comprovar, façam uma pesquisa de opinião pública, em lugar desenvolvido).

Diante do exposto e sabendo que tudo que é feito pela mão do homem e não do SER SUPREMO é passível de correção e/ou modificação conforme a realidade da época, a maior prova disso, até mesmo, a nossa Constituição da República Federativa do Brasil, vem sofrendo profundas e profundas reformas. Em razão de tudo isso, solicitamos estudos no sentido de que o "A.A.", do qual o povo sente envergonhado em dizer que pertence a esta organização (REFIRO AO NOME E NÃO AOS OBJETIVOS), verifique a viabilidade no sentido de mudança do referido NOME e atue mais na área P R E V E N T I V A ("É melhor evitar do que curar").

Como sugestão, encaminhamos dois nomes, podendo aparecer tantos e tantos outros. Ao invés de "A.A." – Alcóolicos Anônimos, sugerimos:

1º) – SOCIEDADE DE PREVENÇÃO E LIBERTAÇÃO DO ALCOOLISMO (SPLA OU SOPRELIAL)

2º) – ASSOCIAÇÃO DE PREVENÇÃO E LIBERTAÇÃO DO ALCOOLISMO (APLA ou ASPRELIAL).

Contando com um valioso estudo de nossa proposta.

Atenciosamente.
Arnoldo Mascarenhas Barros

MANIFESTO DE APOIO A CANDIDATURA A PREFEITO DE TOCANTÍNIA
TOCANTÍNIA-TO, 1996

Senhores e Senhoras:

Como amigo desde minha infância e profundo conhecedor de Rubim, é meu dever e minha obrigação fazer de público esclarecimentos a toda população de minha cidade – Tocantínia.

Tocantínia precisa urgentemente e merece ter um prefeito, íntegro, idôneo, justo, honesto, sensível aos problemas da comunidade, humilde, simples, preparado, guerreiro, lutador, amigo de todos e, principalmente, dos menos favorecidos, humano e dotado de uma inabalável firmeza de vontade, de ser útil a toda população e com maior preocupação aos excluídos desta sociedade selvagem, consequentemente, os maiores necessitados e explorados em todos os sentidos pelos poderosos. Tudo isso e ainda mais traduz os desejos e resultados modestos de Rubim, por todas essas qualidades e, principalmente, pelo amor fervoroso que sempre demonstrou e nunca esqueceu a sua amada terra natal, a sofrida Tocantínia.

Povo de Tocantínia, é hora de mudança, não suportamos mais prefeitos corruptos (com algumas exceções), que dilapidaram o dinheiro público em benefício próprio, usando para suas vaidades pessoais, adquirindo para si, comprovadamente (o povo sabe disso), móveis, carros novos, imóveis, fazendas e vacas brancas. Chega, vamos dar um basta em tudo isto, elegendo Rubim a nosso prefeito de Tocantínia.

Rubim é um homem sério e, acima de tudo, de uma honestidade invejável, tendo as melhores propostas, uma administração voltada para os interesses da comunidade. Não são propostas mentirosas, nada melhor do que ele para lhes comunicar.

Queremos Rubim porque reconhecemos sua identificação com nossa cidade, sua constante preocupação com os menos favorecidos e tão explorados. Homem religioso e dedicado a Deus, de um passado presente e limpo, de grande penetração com o Governo do Estado e, principalmente, com a Presidência da República, não tem ganância de riquezas, consequentemente, não tenho dúvida, o dinheiro do povo será gasto com o povo e para o povo. Rubim, o povo de Tocantínia, cansados de serem enganados, explorados e, até mesmo, roubados, conclama em uma só voz: é você Rubim, para ser o nosso verdadeiro Prefeito de Tocantínia.

Comunidade de Tocantínia, não se desespere, tudo tem seu dia, Deus tarda mas não falha. Chegou a hora de dar um basta aos corruptos; é hora de dar um basta aos enganadores do povo; é hora de dar um basta aos mentirosos; é hora de dar um basta aos traidores; é hora de dar um basta aos exploradores; é hora de dar um basta aos gananciosos; e a hora maior, meu povo, de dar um basta de vez naqueles que querem continuar manipulando a prefeitura como se fosse propriedade de famílias privilegiadas, aumentando cada vez suas riquezas e malversando o dinheiro do povo. Tudo isso vai acabar, o nosso povo conclama, é o Rubim para administrar.

Ao corajoso Manoel Silvino, responsável maior por nossa vitória, que enfrentou perseguição de toda natureza e, até mesmo, sabotagem dos poderosos, cabe aqui, meu povo, os maiores aplausos e uma salva de palmas.

Vote nos vereadores de Rubim.

Salve 03 de outubro, Dia da Independência de Tocantínia.

A você, eleitor, que ainda estava indeciso, ou em outra canoa afundando, ainda é tempo, venha remar na nossa.

Diga sim, meu povo, voto sim, eu VOTO é no Rubim.

Avante Tocantínia!!

Avante Rubim!!!

O SABER HUMANO
O QUE MUDOU NO TOCANTINS NOS 9 ANOS DE FUNDAÇÃO EM RELAÇÃO A CULTURA, TRABALHO E POLÍTICA. PALMAS-TO, 1998

Senhores e Senhoras:

O texto ora em apreciação é de fundamental importância para qualquer sociedade que deseja, acima de tudo, buscar as melhorias de vida para o seu meio ou, num contexto maior, para sua cidade, estado ou mesmo seu país, ou ainda a nível mundial para o mundo em que todos vivemos.

A maior riqueza do homem foi, é e sempre será a cultura que possui. Essa é inviolável e ninguém jamais conseguirá lhe tomar. Poderá ele transmitir, no entanto, em hipótese alguma lhe trará perdas, ao contrário, tende a ampliar.

Entendemos que a cultura é, sem dúvida, de acordo com Margarida Lemos Gonçalves, uma estrela de fulgor extraordinária que conduz as criaturas na vida para um caminho e por um caminho pleno de gozo, felicidade e ventura. É incontestável que vivemos num século quando a tecnologia se desenvolveu sobremaneira e quando os meios científicos os mais variados estão em pleno serviço da cultura.

Dentre os sábios conceitos e colocações contidos no referenciado texto, destacamos aqueles que nos parecem estar mais relacionados com o tema a ser discorrido. Ei-los: 1º) Cultura significa cultivar, criar, honrar, tomar conta e cuidar. 2º) A cultura é o conjunto de instituições por intermédio das quais a sociedade responde às necessidades fundamentais e naturais do homem, ou, numa formulação direta, as formas culturais dão funcionalidade à vida social. 3º) As cidades crescem e mudam rapidamente suas feições, o processo de urbanização se acelera, os problemas das relações sociais ganham novas formulações, e os diversos aspectos da vida humana transformaram-se em objeto de indagações. 4º) O povo em geral não tem cultura política desenvolvida e, por isso, pode facilmente ser enganado por políticos inescrupulosos. Não temos dúvida de que foi o que sempre ocorreu com o sofrido, explorado, irreconhecido, norte goiano, onde a maioria dos políticos inescrupulosos apareciam somente nas épocas de eleição, iludindo mais uma vez o nosso povo aculturado, apresentando-se como salvadores da Pátria e voltavam para os centros desenvolvidos, deixando nossa região no esquecimento e cada vez mais acumulando os problemas de toda natureza, até mesmo, eu diria, a miséria em grande escala.

Com o advento de criação do nosso estimado e viável Tocantins, as mudanças foram de uma imensidão extraordinária, o que está comprovadamente aos olhos daqueles que procuram enxergar. Na cultura, a razão maior de todo e qualquer desenvolvimento, o Tocantins nesses nove anos ampliou seu potencial cultural nem só com os seus filhos da terra, como com todos aqueles que fizeram opção pelo nosso Estado trazendo consigo uma mala de conhecimento cultural, vindo com isso colaborar com o progresso e desenvolvimento do Estado referenciado. E ainda mais encontra-se à disposição renomados estabelecimentos de ensino, à disposição de todo aquele que deseja prosperar nesta área. No setor de trabalho, houve também seu franco desenvolvimento, principalmente nos primeiros anos da fase de instalação do Estado. No momento, tende a diminuir, uma vez que o maior empregador é, sem dúvida, o governo e ele se encontra com o seu quadro de pessoal, eu diria, a contento para desenvolver as atividades necessárias. No entanto, com a arrojada construção da usina hidrelétrica de Lajeado, não vacilamos em afirmar que o campo de trabalho com certeza ampliará na iniciativa privada. Quanto à política, está bem claro, na Bíblia Sagrada, "conforme é o povo, também será seus governantes", e eu acrescentaria: povo desenvolvido, governantes desenvolvidos. Na minha opinião, ainda há necessidade de uma participação maior nessa área. Sempre defendi a administração participativa, o povo elegendo e priorizando suas necessidades e reivindicações, jamais concordarei com a administração realizada pelos tecnocratas em seus gabinetes com ar-condicionado, elaborando projetos faraônicos e sem a mínima participação da comunidade. Neste campo, ainda tem bastante para se fazer, e só haverá o caminho do aperfeiçoamento quando o nosso povo dedicar com afinco uma melhor e maior cultura.

Concluímos que a cultura é o fundamental de tudo e a maior base de prosperidade para todas as áreas existentes. Sabemos nós que a cultura das culturas está claramente expressa no livro dos livros, nossa irreformável BÍBLIA, que sabidamente foi escrita pelos profetas de pouco conhecimento cultural, no entanto, com a inspiração do Divino Espírito Santo a Doutor dos doutores, e com a incontestável sabedoria concedida por Deus.

CONCLUSÃO DE CURSO, NO TRIBUNAL DE CONTAS DO ESTADO DO TOCANTINS, PROMOVIDO PELO TRIBUNAL DE CONTAS DE MINAS GERIAS PALMAS-TO, 1998

- Excelentíssimo Conselheiro do Tribunal de Contas de Minas Gerais e Presidente da ATRICOM – Dr. Flávio Regis.
- Excelentíssimo Conselheiro Presidente do Tribunal de Contas do Estado do Tocantins – Dr. José Wagner Praxedes.
- Coordenadora de Recursos Humanos – Dr.ª Roseli.
- Chefe da Seção de Treinamento – Dr.ª Aldaiza.
- Ilustre Prof. Adinan, Servidor do Egrégio Tribunal de Contas do Estado de Minas Gerais, verdadeiro Mestre na área do presente e do futuro, o mundo da informática.

Meus colegas de jornada de cursos.

A maior riqueza do homem no campo material foi, é e sempre será a cultura. Esta é inviolável e, em hipótese alguma, ninguém jamais conseguirá lhe tomar. Poderá o mesmo de bom grado transmitir, todavia jamais lhe trará perdas de qualquer natureza, ao contrário, tende cada vez mais no contexto geral a ampliar. Dentre vários conceitos de cultura, destacamos dois de significada importância: CULTURA, "significa cultivar, criar, honrar, tomar conta e cuidar". E ainda "CULTURA, é o conjunto de instituições por intermédio das quais a sociedade responde às necessidades fundamentais e naturais do homem, ou numa formulação direta as formas culturais dão funcionalidade à vida social".

Extraordinário e grande privilégio em que nós servidores, deste Tribunal, tivemos nestes meses, os bons ensinamentos, com muita segurança, preparo, determinação e eficácia, transmitidos a contento pelos honrosos mestres dotados de uma simplicidade invejável, bela característica e qualidade que pude observar ser bem-definida do povo de Minas. Jamais esqueceremos nossos destacados professores com os quais convivi nestes notáveis dias. Estão na nossa memória, professores Alberto Tiburcio, Nilso José, Vera Macedo, Regina, Adinan e os outros que ministraram os demais cursos, dos quais não participei.

Ao presidente da ATRICOM, Conselheiro Diretor Flávio Regis, nossos agradecimentos de público pela marcante oportunidade que nos foi proporcionada.

Ao Dr. Wagner, nosso reconhecimento por ter como meta de administração o treinamento continuado para todos os servidores do nosso órgão, buscando, a todo custo, uma melhor prestação de serviços com a melhor eficácia e qualidade possível.

Ao concluirmos, entendemos que a educação ainda é o maior investimento que podemos imaginar. É, sem dúvida, de acordo com Margarida Lemos Gonçalves, uma estrela de fulgor extraordinária que conduz as criaturas na vida para um caminho e por um caminho pleno de gozo, felicidade e ventura. É incontestável que vivemos num século quando a tecnologia se desenvolveu sobremaneira e quando os meios técnicos científicos os mais variados estão em pleno serviço da cultura. Notadamente, a Internet do professor Adinan.

Sem dúvidas, prezados mestres, vossos sábios ensinamentos serão de grande valia para o desempenho de nossas atribuições e para os duros desafios que a caminhada da vida nos oferece.

Agradecemos a Deus, o mestre supremo, por tudo e muito obrigado a todos.

PROTESTO JUNTO AOS PODERES PÚBLICOS EM GERAL

ASSOCIAÇÃO COMUNITÁRIA DE HABITAÇÃO POPULAR – Arnoldo Barros TOCANTÍNIA-TO, 1999
(Povo unido, buscando uma vida mais digna).

(PRONUNCIAMENTO REALIZADO PELO PRESIDENTE DESTA ASSOCIAÇÃO – Arnoldo Barros, EM 1999, NA CÂMARA DE VEREADORES DESTA CIDADE).

À(ao)(s):
-PREFEITO;
-PRESIDENTE DA CÂMARA DE VEREADORES;
-VEREADORES;
-SECRETÁRIOS MUNICIPAIS;
-SANEATINS;
-REDE CELTINS;
-PODERES PÚBLICOS EM GERAL;
-TODA COMUNIDADE TOCANTINIENSE.

"Deus não é bom por ser justo, ele é justo por ser bom".

Eu acuso:
Eu solicito:
Eu reivindico:

1 – "A nova Tocantínia", conforme slogan de nossa campanha eleitoral, nova na intenção e **VELHA NOS PROBLEMAS**, precisa urgentemente **MUDAR A CARA**. Diante disso, necessário se faz arrumar a aparência da **PRAÇA BRASÍLIA** (o coração da cidade), onde se encontram, visto a olho nu, **BANCOS QUEBRADOS E ABANDONADOS**. Está explícito o retrato do desprezo e abandono, falta algo de atrativo para o escasso divertimento e/ou **LAZER**. A população não tem outra opção a não ser frequentar o famoso clube do **Luzimar**.

2 – Melhorar e/ou confeccionar os **"QUEBRA-MOLAS"**, pela razão, costumamos dizer, **QUEBRA-CARROS**. Sugerimos construir ou reformar dentre os padrões aprovados pelo DETRAN.

3 - Fomos noticiados de várias lâmpadas públicas sem promover claridades. **Não basta as altas taxas cobradas pela REDE CELTINS**, e com iluminação comprovadamente irregular.

4 - **OS MEIOS-FIOS**, principalmente no setor central, mais precisamente na **AV. BEATRIZ SILVA**. Torna-se necessário e com a maior brevidade possível realizar suas substituições, por uns de melhor qualidade.

5 - **O ASFALTAMENTO** prometido e não realizado na **Av. Nelson Louzeiro** e **Rua Venceslina Mascarenhas**, localizada no Conjunto **Agostinho Barros**. A população calejada continua esperando pelas promessas não cumpridas.

6 - **OS LIXOS** expostos nas vias públicas e de fácil acesso aos animais irracionais, principalmente aos **cachorros que fazem a festa (eu diria que o maior irracional ainda é o próprio homem)**. Solução muito simples **E BARATA**, que sejam confeccionadas bases de apoio a certa altura, a fim de colocar os vasilhames coletores e, por outro lado, **evitar esta desorganizada, feia e desagradável situação. ONDE ESTÁ A SECRETARIA DE SAÚDE???**

7 - **É DOÍDO**, mas costumamos afirmar que a **"COMBATIDA TOCANTÍNIA"** continua sendo um bairro dependente de MIRACEMA, para sermos mais claros, **UM BAIRRO POBRE DE MIRACEMA**. Não entendemos e não engolimos, **Senhor Prefeito**, o porquê da não existência de uma **AGÊNCIA BANCÁRIA** em nossa estimada cidade. **Se a irmã Miracema dispõe de quatro grandes Bancos**, é porque **ALGUÉM REIVINDICOU**, nada vem neste mundo de graça, sem esforços e, principalmente, por parte

dos dignos representantes do povo. **Cidade sem agência bancária está condenada ao subdesenvolvimento e ao fracasso. Não conhecemos, na história, nenhuma que veio a progredir.**

8 - Não nos convencemos e não compreendemos o porquê da existência de tantos funcionários na nossa Prefeitura, em cargos ociosos, sem atribuições definidas, e **a população pagando por um alto preço** e sendo exposta a consumir carnes de animais, eu diria em certas condições, **EM AVANÇADO ESTADO DE DOENÇAS TRANSMISSÍVEIS E ATÉ MESMO EM FASE DE DECOMPOSIÇÃO (a exemplo mordido de cobra ou ervado etc.),** sem nenhuma **FISCALIZAÇÃO VETERINÁRIA**. Simplesmente, senhor Prefeito, a **Secretaria de Saúde Municipal** por que não dizer **secretaria de doenças**, não dispõe de um funcionário para tal atribuição. **É lamentável, inaceitável e inadmissível** acontecer estas coisas em pleno final do século XX e próximo do terceiro milênio. **É MAIS UM DESCASO COM POVO. QUEM QUISER ADOECER OU MORRER QUE MORRA...**

9 – **A RECUSADA ÁGUA** distribuída pela **SANEATINS**, além de cara, está comprovadamente provocando **DOENÇAS GENERALIZADAS** aos usuários. Citamos, como exemplo, **morte em animais de pequeno porte, quebra de dentes** em pessoas adultas, **feridas externas, dores de barriga nos estudantes e tantos outros males que não cabem neste papel (imagine esta água no nosso organismo, qual é o futuro de saúde desta sofrida população???).** Esta é mais uma obra realizada e administrada pelos **administradores, insensatos, ímpios e desumanos.** Já protestamos no passado em nome desta associação. Houve um pequeno melhoramento, todavia a dona **SANEATINS** ainda não encontrou a solução definitiva de resolução do problema. **CADÊ A SECRETARIA MUNICIPAL DE SAÚDE???**

10 – Que seja o quanto antes possível, feito em **definitivo, O MURO DO CEMITÉRIO DA VILA JACÓ**, onde se encontram sepultados nossos **pioneiros e fundadores.** Entendemos, senhor Prefeito, além de ser nossa futura morada material, também consideramos um lugar **SAGRADO**, portanto **merece atenção especial, cuidado, manutenção e respeito.** Todavia, apesar de tudo isto, **ADMINISTRADORES INSENSATOS, HIPÓCRITAS E IRRESPONSÁVEIS, não bastando tanto espaço vazio neste mundo, no passado,** permitiram e continuaram a apoiar a realização de loteamento urbano na referida área. **É O CÚMULO DO ABSURDO**,

eu diria, é mais uma **transgressão MALIGNA**. Desta feita, não pouparam nem mesmo a moradia dos mortos. **Suas dívidas são caras – podem aguardar... (JÁ ESTÃO ACABANDO AS VACAS BRANCAS).** Diante do exposto, é **DEVER** do poder público corrigir construir, manter e zelar as obras de necessidade da coletividade. A título de cooperação, colocamos nossos associados à disposição para juntos realizarmos **MUTIRÃO DE CONSTRUÇÃO,** caso lhe seja necessário e conveniente.

URGENTE PROVIDÊNCIAS E JUSTIÇAS SEJAM FEITAS.

O POVO RECLAMA.
NÓS ESCUTAMOS.
DOA EM QUEM DOER.
FALAMOS, FALAMOS E FALAMOS.

TODO DIA É DIA DE ÍNDIO
Brasil, 502 anos: "Uma terra sem males".

Artigo publicado no *Jornal Folha do Bico*.
Augustinópolis-TO.

PALMAS –TO, 2002

Senhores e Senhoras:

Comemorar o que?
O Brasil não foi descoberto. Para não falar na invasão, inventaram esse termo justificado perante a opinião pública internacional, mas, sim, explorado por outras nações. Nós, os índios, já existíamos e éramos os verdadeiros donos deste país há mais de 40 mil anos, como primeiros habitantes. Vivíamos independentes sem precisar de nenhum outro país em qualquer sentido para termos nossa sobrevivência e vivência digna e pacífica. É verdade que não tínhamos tecnologia, principalmente material bélico (armas de fogo), que tiraram nossas vidas, onde é notório e sabido que certos povos de nossa irmandade – eles, os maldosos quase ou mesmo acabaram com todos, lamentavelmente – (foram extintas). E o que é pior – sem punição terrena, para esses carrascos e culpados por esses terríveis massacres. Mas nosso Deus ("Pai Grande") justo sabe quem são eles.

Quinhentos e dois anos de poucos acertos, iniciando pela sua nova habitação pelos que se dizem civilizados desde o Brasil Colônia, habitado e explorado pelos rejeitados de Portugal, ou seja, pela fraca burguesia, os "vocemissês" da vida, e por aqueles que se encontravam presos e sem perspectivas de futuro naquele país.

Comemorar o quê?
"COYVY ORE RETAMA" – Essa terra é nossa.

Essa terra "era" nossa. Tomaram nossa terra, nossos costumes, nossa liberdade, nosso ouro, nosso diamante, nossas pedras preciosas, nossas riquezas naturais, nossas madeiras. Tentaram nos escravizar, ludibriando-nos com besteiras e, por último, nos massacram e quase extinguiram nossas vidas. Fomos quase exterminados pelos brancos, os que se dizem civilizados.

Ensinaram-nos a comer sal, perdemos nossas forças, a beber cachaça, a nos prostituir, transmitiram-nos doenças incuráveis e um montão de coisas ruins. De positivo apenas fomos catequizados. Os pontos negativos foram de um percentual inaceitável e intolerável. Falo do forte povo indígena. Defendo-os porque também tenho meus ancestrais índios, dos quais sou bisneto.

Comemorar o quê???

Nosso sofrimento, nosso massacre e quase nosso extermínio de existência? Há 502 anos, nós éramos 5 milhões, e hoje nos reduziram para apenas 500 mil. É este o Brasil que não parou por aí. Não conseguindo nos escravizar, partiu para as nações subdesenvolvidas, para os nossos irmãos africanos. Eles foram transportados e utilizados como animais, pela burguesia avarenta, hipócrita e gananciosa. Tal aberração fora motivo de pedidos de desculpas pelos países que praticaram a escravidão, em recente reunião da Organização das Nações Unidas (ONU).

Não temos dúvidas de que fomos colonizados sem a menor intenção de nos oferecerem alguma contrapartida. Até os dias de hoje, é notório que o que mais prevalece neste país (sendo inclusive divulgado na imprensa lida, falada e televisiva) é a corrupção desenfreada em larga escala, com raríssimas punições, e a má distribuição de renda. O domínio dos privilegiados usando e abusando do nosso suor, que somos os humildes e menos favorecidos. E este grande país geograficamente, com exagerada centralização de rendas, onde uma minoria morre de indigestão, e a maioria, de fome, e que, em última análise, os responsáveis pela manutenção dessa casta, na maioria deles, são desumanos e que, infelizmente, alcançam o poder. Tudo isso ocorre porque, em razão da vida sofrida e sem oportunidades que levamos, seremos sempre induzidos, ludibriados e comprados com coisas de pouco valor e insignificante, de forma a garantir a eleição dessas ingratas pessoas, por meio do voto de cabresto.

Veja que os remédios para esta situação deprimente são simples:

1. A corrupção se combate com ética, que é um conjunto de atitudes que venham a fortalecer e efetivar as ações direcionadas à saúde, educação e renda bem distribuída.

2. A má distribuição de renda combate-se com ações que favoreçam o trabalho, o salário digno, a capacitação profissional e o crédito facilitado e sem burocracia a quem quer produzir e prosperar.

3. O principal de todos, o cumprimento ou, no mínimo, a reflexão dos 10 mandamentos da Lei Sagrada de Deus.

Assim como Tiradentes derramou o sangue, nós, índios, derramamos toneladas por esta Nação, Jesus derramara pelo mundo. E só Deus poderá interceder no momento e na hora certa por nós neste grande Brasil.

O Brasil tem se desenvolvido, mas às custas dos humildes, que ainda não descobriram essa maravilhosa terra, em que apenas 20% de sua parte agricultável é explorada, ao tempo que todos os nossos filhos já nascem devendo para o FMI. Quer conhecer melhor o Brasil? – Vá aos Estados Unidos e visite o FMI.

Mas não nos desesperamos. Como disse o ministro Júlio Barata: "Não há problemas sem solução; não há soluções sem defeito; e não há defeito que, em qualquer tempo, não possa ser corrigido".

Tudo tem uma razão de ser. Deus ("Pai Grande") misericordioso, redentor, com certeza, há de nos contemplar no momento certo com a solução para essa gama de problemas e muitas contrariedades.

Avante e avança, Brasil! Porque o Tocantins já está avançando!

PRONUNCIAMENTO DO IMPERADOR - PARÓQUIA SÃO SEBASTIÃO DE TOCANTÍNIA-TO, 2002

Reverendíssimo Sr. Padre Luiz
Demais Autoridades Eclesiásticas.
Meus irmãos(ãs) de Fé, (desejo cumprimentá-los a todos na pessoa do ilustre visitante Ir. Adejair)

Vencendo a modéstia, a simplicidade e a humildade do digno e ilustre sacerdote, aqui nos encontramos todos estes cristãos em massa, para dizer-lhe de viva voz o quanto é para nós motivo de extraordinária satisfação celebrar com alegria o encerramento neste dia, deste marcante e grandioso festejo de nossa Paróquia.

Como imperador, devo dizer publicamente que o Sacerdote é, sem dúvida, maior que reis, imperadores, presidentes e governadores, porque é o representante daquele que, indiscutivelmente, é o proprietário de tudo. Ele representa o Cristo, entre nós, nosso intermediário entre o homem e DEUS.

Vossa Reverendíssima, Sr. Pároco, é de uma felicidade incomparável, porque mereceu de DEUS a grande graça sacerdotal, e nós, paroquianos, alegramo-nos em tê-lo como grande mobilizador desta comunidade, contido com graças cheias de venturas extremadas de sacrifícios. Somos testemunhas de que não conheces cansaço quando se trata de aliviar as angústias alheias. Onde há um sofredor, lá estais a lhe esparzir sobre as frontes os eflúvios da caridade Divina.

Como fiel discípulo de Cristo, desprezais os bens terrenos, porque vosso espírito e vossa inteligência divina se encontram e se completam voltados para a plenitude das coisas do Céu.

A sua mão direita faz obras magnificentes de caridade, amor e de melhoramento dos templos de DEUS, a exemplo recente e que se encontra estampado em nossas vistas, a moderníssima reforma geral de nossa Igreja. Não temos como esconder o que evangelicamente fica tudo no anonimato e até mesmo de sua mão esquerda.

A carreira em que o destino Divino lhe proporcionou é, sem dúvida, trabalhosa: conquistar almas de caminhos desviados, iluminar espíritos em trevas, semear o amor, propagar as sagradas escrituras a virtude, o bem e tantas outras necessidades do ser humano.

Como paroquiano desta casa de Deus, desde minha infância, onde aprendi os primeiros ensinamentos Divinos, encaminhados pelos meus estimados pais, Agostinho Barros e Venceslina Mascarenhas (D. Doda), já pertencentes ao seio celestial, Católicos Apostólicos Romanos-Praticantes, os quais tinham o desejo que alguns de seus filhos viessem a participar como um dos cargos que fazem parte de nosso festejo religioso. Mamãe e papai, seus filhos Arnoldo e Nildete resolveram aceitar de coração e alma as vossas vontades, somos imperador e imperatriz neste evento de Cristandade.

Além da saudade infinita de nossos saudosos e queridos pais, não temos como nos esquecer do Grandioso Monsenhor Pedro Piagem, como qual recebemos os primeiros ensinos e os bons princípios cristãos, verdadeiro conselheiro compreensivo, pastor paternal, de uma sabedoria espiritual avançada, bom e tolerante, tinha muito da ternura do Nazareno. É alma preparada para perdoar e aconselhar. Não presente materialmente neste jubiloso momento, todavia temos certeza de que, lá do além onde se encontra, com sua satisfação, sua bondade, sua generosidade, sua simpatia, continuará a nos orientar e nos guiar paternalmente. **Monsenhor Pedro, continua a viver entre nós.**

Reverendíssimo Padre Luiz, traz-nos grande conforto ter em nossa paróquia um sacerdote. Isso nos alegra em saber que nosso culto Divino não sofrerá nenhuma interrupção de assistência de nossa religião em que nascemos e desejamos morrer, terá amparo de todas as horas.

Temos no nosso pároco o conselheiro amigo, o Diretor Espiritual, que tem nos ajudado a resolver pequenos e/ou grandes problemas que têm nos atormentado.

Não há como deixar passar em branco e sem registrar a grande contribuição do nosso Ir. Adejair, que exerceu o papel de um grandioso SACERDOTE, dotado de muita humildade, simplicidade, piedoso, caridoso, humano, generoso, líder carismático, tem o dom da profecia e fervoroso na fé. Ir. Adejair conquistou totalmente a nossa comunidade cristã de Tocantínia.

O nosso Arcebispo Don Alberto foi um grande presente que Jesus Cristo mandou para o nosso estado do Tocantins.

Ao concluirmos esta solenidade, agradecemos, em primeiro lugar, ao Divino Espírito Santo e, a seguir, à Nossa Senhora, juntamente com São Sebastião, nosso Padroeiro. Agradecemos também a todos Cristãos, nossos irmãos de fé que se encontram aqui presentes, aos meus familiares que se deslocaram de longas distâncias. Nem só os familiares, como os amigos que também nos prestigiaram com suas presenças neste inesquecível e marcante acontecimento; aos foliões, pelas suas ardorosas jornadas da Divindade. Ao João Araújo, filho desta cidade e futuro DIÁCONO, parabéns pelo destino que Deus está a lhe proporcionar.

Como encerramento final de nossas simples palavras, porém de coração e alma, como IMPERADOR desta Cidade, no uso de minhas atribuições, RESOLVO DECRETAR QUE:

ART 1º - A Comunidade deverá manter sempre conservado o nosso Templo Sagrado;

ART 2º - Participar de todos os eventos religiosos;

ART 3º - A Igreja tem que estar com todos seus espaços preenchidos;

ART 4º - Todos tocantinienses, moradores em outras localidades, deverão contribuir com dízimo desta Paróquia.

Padre Luiz, pedimos que se digne abençoar-nos.
Muito obrigado, meus irmãos e minhas irmãs.

MUDANÇA DE DIRETORIA
PALMAS-TO, 2005

Senhores e Senhoras:

Fernanda,

Tudo que ocorre em nossas vidas não é por raras coincidências, e, sim, pelas providências Divinas.

Por providências de Deus, foi-me proporcionado trabalhar vários anos com você.

Alegra-me poder falar publicamente que Deus me deu esta grandiosa oportunidade, de ter recebido de você os dedicados e sábios conhecimentos.

Com tanta concorrência e até mesmo preconceitos em que a sociedade nos impõe, e ainda iniciando os meus primeiros passos na área técnica, mesmo assim você confiou, acreditou e investiu com toda dedicação em nossa ascensão funcional. Fernandinha, tenho muito que aprender, mas aprendi muito com você.

Sua ausência nos traz uma grande falta no nosso convívio profissional. Realmente é uma lacuna que não é fácil ser preenchida. Você deixou marcados e registrados na história da 1ª Diretoria Estadual grandes avanços e objetivos alcançados.

Todavia nos conforta em saber que Deus está a lhe guiar, para mais um desafio e uma iluminada jornada de trabalhos.

Parabenizamos a Diretoria de Pessoal, pela valiosa e acertada aquisição.

Parabéns, Fernanda, pelo novo cargo.

Que você seja feliz, são os nossos honrosos votos.

Parabéns!

MENSAGEM DE FALECIMENTO DO JOAQUIM LOUZEIRO, TAGUATINGA-DF, 2006

Senhores e Senhoras:

A existência desta vida terrena do meu grande amigo e parente Joaquim Louzeiro, que desceu ao sono dos justos, foi continuada exemplo de vida a ser seguida, bondade e muito amor ao próximo. Cultivou e colocou em prática o principal mandamento da Lei de DEUS, ou seja, amou a Deus sobre todas as coisas e ao próximo como a si mesmo.

Todos nós somos testemunhas dessa grande prática, pois ele ingressou em organizações que visam a promover o bem comum e ajudar sempre o semelhante, principalmente os mais humildes e necessitados. Tenho certeza de que fez por ser um bom cristão e seguidor dos princípios DIVINOS.

Parabéns, Joaquim Louzeiro. Tenho sempre afirmado que os justos não morrem, eles mudam de vida, da material para a Espiritual, e levam consigo as boas ações que praticou aqui na terra. E você foi um grande exemplo a ser seguido por todos nós. Hoje foi você, amanhã seremos nós. E, no Reino da Glória, iremos nos encontrar e desfrutar das bênçãos do (Céu) e graças celestiais.

Durante gerações inteiras, seu nome será lembrado, como atencioso chefe de família, amigo e protetor, sempre preocupado com o bem-estar do próximo, e nunca mediu sacrifícios para a todo custo levar a felicidade a todos aqueles que necessitam de seus bons préstimos.

Sentimos esta separação material, todavia nos conforta a todo instante em sentir que, em nossa memória, você vive e viverá sempre entre nós.

Que Deus proteja todos nossos familiares e amigos em todos os sentidos, principalmente no que refere a esta ausência, da qual não cabe a nós julgar, e, sim, concordar com os desígnios do Grande Criador.

Em meu nome, desejamos agradecer a todos presentes por esta memorável homenagem póstuma.

Rogamos a Deus por todos vocês e pedimos orações pela alma do saudoso Joaquim Louzeiro.

Muito obrigado.

POSSE DO SINDICATO DOS SERVIDORES DO TRIBUNAL DE CONTAS DO ESTADO DO TOCANTINS, PALMAS-TO, 2006

Saudações:

1. Sr. Presidente do Tribunal de Contas do Estado do Tocantins, Conselheiro Dr. José Jamil Fernandes Martins.

2. Sr. Vice-Presidente Conselheiro, Dr. Manoel Pires (presidente em exercício).

3. Conselheiros e demais autoridades.

4. Sr. Presidente da Federação Nacional das Entidades dos Servidores dos Tribunais de Contas do Brasil, Dr. Gedyr Vieira Júnior.

5. Sr. Presidente do Sindicato dos Servidores do Tribunal de Contas do Estado do Tocantins – SINSTET, companheiro Renato Batista

6. Membros do Conselho Fiscal, Sindical e outros representantes.

7. Sr. Presidente da Associação dos Servidores do Tribunal de Contas do Estado do Tocantins – ASTEC, companheiro Paulo Henrique Guimarães.

8. Sr. Presidente do Conselho Deliberativo da ASTEC, companheiro Meirivaldo Alencar Miranda.

9. Membros dos Conselhos Deliberativo e Fiscal.

10. Meus Colegas de trabalho e, em especial, os FUNDADORES e associados deste Sindicato, cumprimento de forma benemérita, por terem aceitado o desafio de maneira unânime, pela grandiosa e acertada fundação, implantação e consolidação desta preciosa e indispensável entidade.

Ao iniciarmos nosso pronunciamento, desejamos fazermos uma retrospectiva, contando resumidamente um pouco da história deste sindicato.

Em novembro de 1997, portanto, há mais de 8 anos, fundamos e elegemos a diretoria provisória, com objetivo de conduzir os anseios dos associados e legalizar o sindicato. Todavia, por motivos escondidos dos quais foge ao nosso alcance, nenhuma mínima providência foi tomada.

Lembro-me da sábia colocação do companheiro Batista, na qual profetizou que, se não houvesse sólida base estrutural, patrimonial e financeira, ele seria um NATIMORTO. Realmente ele se transformou em NATIMORTO, mas não só o sindicato, como a diretoria, responsável maior por esta situação, da qual fomos infelizes na escolha. Esta, sim, contribuiu para sua morte, sendo quase sepultado. O sindicato nasceu vivo, no entanto, a diretoria passou a ser uma NATIMORTA. É deplorável esta situação, todavia comprovadamente foi o que aconteceu.

Exatamente na época, entregamos ao advogado, Dr. Júlio Resplande, nossa justa reinvindicação da falta de repasse do aumento salarial concedido pelo Estado, em 1995, e que os servidores do Ministério Público Estadual e outros órgãos já estão beneficiados com os direitos a que lhes são devidos e admiráveis somas retroativas, além da incorporação do percentual aos proventos de cada um.

Não entendo, Presidente Renato, a questão e o advogado são os mesmos dos servidores daquele Ministério e do TCE, e a justiça concede procedimentos e decisões diferentes e desiguais.

Presidente, como associado fundador e, ainda, grande defensor da existência e atuação deste sindicato, solicitamos vossas acertadas providências no sentido de que nossa legítima causa trabalhista seja deferida e que nos venha proporcionar nossos benefícios a que fazemos jus. Não estamos simulando ou inventando nada, apenas reivindicando aquilo que nos pertence e não nos foi repassado.

Confiamos em nosso governador, que sempre priorizou suas ações para os menos favorecidos, razão maior de seu governo. Acreditamos que ele, com todo seu senso de justiça, realizará sensatas providências no sentido de que nosso pleito seja, de uma vez por todas, aprovado, deferido e solucionado definitivamente.

É verdade que a real implantação desta entidade sindical demorou, ocasionando, assim, longos anos de espera. No entanto, sempre nos conformamos, porque DEUS, quando permite que a porta se fecha, ele abre uma janela, e tudo que ocorre em nossas vidas é por vosso consentimento e no momento mais oportuno e conveniente. E neste momento, o NATIMORTO hoje é e sempre será um NATIVIVO, ele foi ressuscitado.

Parabenizamos a Elizabete, popularmente conhecida como Bete, por não ter medido esforços e sacrifícios no sentido de que este sindicato fosse devidamente registrado. Após vários anos de programado esquecimento, ela levantou a bandeira e, apesar dos entraves, atingiu o objetivo almejado. Parabéns, Bete, você se tornou uma verdadeira baluarte na história desta entidade. Nossos agradecimentos por esta grandiosa conquista.

Ao nosso Presidente do Tribunal de Contas, nossos merecidos agradecimentos, por ter nos proporcionado esta grandiosa abertura de pudermos praticar com liberdade o exercício pleno da cidadania e democracia, e é com grande satisfação que podemos dizer que hoje temos em nosso órgão duas fortalecidas estruturas e bem representadas entidades: a associação e o sindicato dos funcionários deste Tribunal.

Quanto ao Presidente, da Federação Nacional das Entidades dos Servidores dos Tribunais de Contas do Brasil (FENASTC), que percorreu vários quilômetros a fim de nos apoiar e prestigiar com sua ilustre presença oficial, nossas calorosas boas-vindas e eternos agradecimentos.

Nossos agradecimentos especiais ao Dr. Gedy da FENASTC (Federação Nacional das Entidades dos Servidores dos Tribunais de Contas do Brasil), ao companheiro Ranufo, Presidente da ASTEC, ambos na época da fundação do sindicato, aos companheiros que militaram e abraçaram esta causa, hoje podemos comemorar.

Ao Presidente atual da ASTEC, nosso muito obrigado pelo grandioso apoio no sentido de que esta organização viesse a se tornar oficializada e com grande militância.

À Maninha, nossa companheira, pela sugestão da sigla à qual obteve aprovação SINSTET. Parabéns, Maninha, você também faz parte desta história.

Na grandiosa oportunidade, desejamos a todos da Diretoria, Conselho Fiscal e Sindical e ainda aos outros representantes, que DEUS lhes conceda sabedoria divina, para uma administração justa, equilibrada, honesta, promissora, participativa, sem PELEGUISMO e voltada sempre para os anseios dos sindicalizados

Ao encerrarmos, passo às mãos do Presidente Paulim, a título de doação, este precioso quadro que adquiri em 1997, contendo a notável frase:

"Todo homem tem direito a organizar sindicatos e nele ingressar para a proteção de seus interesses" – Declaração Universal dos Direitos Humanos, Art. XXIII, 4º inciso.

OBRIGADO A TODOS PELA ATENÇÃO DISPENSADA!

POSSE NA ASTEC (ASSOCIAÇÃO DOS SERVIDORES DO TRIBUNAL DE CONTAS DO ESTADO DO TOCANTINS). REPRESENTANDO: Conselho deliberativo e Fiscal. PALMAS-TO, 2006

Obs.: PUBLICADO NA INTRANET, NÃO POR INICIATIVA DO AUTOR, E SIM EM ATENDIMENTO A DIVERSAS SOLICITAÇÕES DOS ASSOCIADOS.

Saudações:

1. Sr. Presidente da ASTEC, companheiro Paulo Henrique Guimarães.
2. Sr. Presidente do Conselho Deliberativo, Companheiro Meirivaldo Alencar Miranda.
3. Membros da Diretoria Executiva.
4. Membros dos Conselhos Deliberativo e Fiscal.
5. Sr. Presidente do Sindicato dos Servidores do Tribunal de Contas do Estado do Tocantins – SINSTET, companheiro Renato Batista.
6. Demais Autoridades Eclesiásticas, Civis e Militares aqui presentes.
7. Meus cumprimentos especiais aos associados desta entidade razão maior de sua existência, sem a qual não estaríamos hoje nesta grande confraternização de solenidade de posse. Continuamos a afirmar que a maior autoridade eletiva não são aqueles que receberam os votos, e, sim, indiscutivelmente, todos aqueles que delegaram poderes para bem representá-los por meio da melhor escolha no processo de eleição.

Ao iniciarmos nosso pronunciamento, desejamos fazermos um breve esclarecimento.

Perguntaram-me por que, na maioria das vezes, costumamos realizar nossos discursos por escrito. Sem vacilar, respondi: por três motivos.

1º - Por ser um momento solene.

2º - No discurso escrito, dificilmente, você deixa de expressar tudo que você deseja.

3º- Sendo bem-sucedido, passa a ser um documento histórico, podendo servir de tomada de decisões.

As palavras verbais convencem, mas, às vezes, o vento leva, e as escritas acompanhadas de bons exemplos arrastam.

A Bíblia, a princípio, foi verbal, mas se consolidou por escrito.

Sem nenhum demérito com aqueles que têm o domínio e a memória privilegiada e preferem realizar seus discursos de forma verbal, parabenizamos por isso. Todavia, como dizem o Meirivaldo Alencar, eu e Fidel Castro, preferimos escrever.

Vou tentar escrever parte do rascunho das principais reivindicações dos associados junto à ASTEC.

Eleito para o 5º mandato desta associação, sendo 1 cargo de Vice-Presidente da Diretoria Executiva e 4 para o Conselho Deliberativo, vindo a ser votado pelos conselheiros a ocupar o posto de Presidente por dois mandatos.

Falamos isto não por exibimento ou exaltação, e, sim, por agradecimento a todos aqueles que confiaram e continuam confiando em nosso desempenho como seu legítimo representante e porta-voz de seus anseios associativos.

Meus agradecimentos maiores a DEUS, por ter novamente permitido que fôssemos reconduzidos ao cargo de Membro do Conselho Deliberativo. Se isto aconteceu é porque foi de Vossa permissão; se assim, não o fosse nem candidato seríamos.

Pesa sobre nossos ombros a grande responsabilidade de bem representá-los, não viemos com pacotes de soluções, mas com o desejo de encontrá-las e acertá-las. Não desejamos ser Senhor, e, sim, servos de vossas aspirações, pois temos nossas limitações, erramos jamais por omissões. Não somos perfeccionistas, no entanto defenderemos sempre uma administração participativa com eficácia e voltada para o bem-estar do associado.

Presidente Paulim, em nome dos Conselhos Deliberativo e Fiscal, reconhecemos a sua esforçada administração. É incontestável que você foi e continua sendo um grande guerreiro e defensor de nossos interesses, principalmente no que concerne as nossas justas causas trabalhistas. Muito obrigado e que Deus lhe recompense por tudo isto.

Nossos conselhos se encontram à sua disposição para a todo o momento, deliberarmos e fiscalizarmos com aplausos, se conveniente for, a todo e qualquer projeto que venha trazer benefícios aos associados. E se for necessário decidir pelo não, o faremos em tudo aquilo que venha contrariar o progresso, crescimento e desenvolvimento de nossa estimada entidade.

Em momento algum, jamais agiremos pela emoção, sempre pela razão. E em hipótese alguma seremos radicais, no entanto nossa bandeira maior de luta será deliberar e fiscalizar, com equilíbrio e grande senso de justiça, todos pleitos que nos forem apresentados.

Nossos agradecimentos à Comissão Eleitoral, o fazemos em nome do Dr. José Ribeiro da Conceição (Zé Ribeiro), pela eficiência e eficácia dos trabalhos bem-organizados. Parabéns, vocês não deixaram vestígios e desempenharam com muita qualidade as atribuições que lhes foram constituídas.

Ao Presidente do Sindicato, companheiro Renato Batista e demais componentes, temos certeza de que você e equipe jamais medirão esforços e sacrifícios na busca dos interesses legítimos dos sindicalizados.

Confiamos em seus desempenhos e rogamos a DEUS, para que vossa administração, venha de encontro aos princípios da Constituição Universal, ou seja, da nossa Bíblia Sagrada.

Quanto ao Presidente do Tribunal de Contas, conselheiro José Jamil Fernandes Martins, é nosso dever agradecer de coração pelo apoio por e desmedidos esforços no sentido que nossos objetivos sejam alcançados. Ele se encontra ausente, realizando o merecido curso de doutorado. É um direito que lhe assiste, Dr. Jamil, o senhor merece mais do que isto, pois, na sua trajetória profissional, é comprovado que sempre levou felicidades para os menos protegidos.

Ao Dr. Gonçalves, ausente neste evento, mas, de lá do além, temos certeza de que se encontra a rogar a DEUS, pelas graças divinas para todos nós. Na nossa memória e no nosso coração, Dr. Gonçalves continua a viver entre nós.

Ao encerrarmos nosso pronunciamento (também já está na hora, a cerimonial Belinha me recomendou brevidade), agradecemos a DEUS por mais esta oportunidade, aos associados que, apesar de nossa ausência da sede do TCE por mais de sete anos, a serviço na Secretaria da Educação, novamente lembraram e aprovaram nosso nome para o Conselho Deliberativo.

Cumpriremos todas nossas atribuições e as normas contidas no estatuto, daremos atenção especial para toda e qualquer sugestão ou reinvindicação, as quais serão apreciadas, analisadas e deliberadas em nosso plenário de reuniões.

Nossos conselhos são democráticos e encontram-se de portas abertas para juntos unirmos forças em prol das conquistas para esta entidade. Jamais usaremos de qualquer radicalismo.

Finalizamos, Presidente Paulim, entendendo que serviço associativo e serviço público são servir ao público com a maior qualidade e eficácia possível, de forma democrática, transparente e participativa.

Se o representamos, é nosso dever e obrigação realizarmos com constâncias assembleias ordinárias e extraordinárias, prestar contas minuciosamente e transparentes, com grande frequência, ouvir, discutir, conduzir, executar as aspirações da comunidade.

Nossos maiores projetos serão das reivindicações dos associados. Seremos, na verdade, condutor de suas aspirações, porque entendemos que o povo são os verdadeiros proprietários do patrimônio da ASTEC e de nossas ações.

Nosso agradecimento especial ao Presidente do nosso Conselho, companheiro Meirivaldo Alencar, e aos demais pela deliberação de nosso nome para realizarmos este modesto pronunciamento.

FALO EM ALTA VOZ:
A ASSOCIAÇÃO NÃO É SÓ MINHA,
NEM DOS CONSELHOS,
NEM DA DIRETORIA EXECUTIVA,
A ASSOCIAÇÃO É DE TODOS NÓS!

TENHO DITO!!!

TRANSFERÊNCIA DE DIRETORIA, PALMAS-TO, 2006

Senhores e Senhoras:

Meus colegas do Tribunal de Contas, a exemplo da 1ª Diretoria de Controle Externo Estadual deste Tribunal.

Parece que foi ontem ainda quando transpusemos os umbrais desta Diretoria e desta Corte de Contas. Mais de 7 anos nesta Diretoria, anos de profundo desafio profissional, momentos de desacertos acompanhados até mesmo de contrariedades, porque não somos perfeccionistas, no entanto pautamos nossas ações com o grande desejo da busca de soluções, visando sempre a nos conscientizarmos da importância dos serviços prestados pelo Tribunal de Contas do Estado do Tocantins, no contexto da sociedade, principalmente no que se refere ao desenvolvimento de um processo de fiscalização com eficácia para o bom uso dos recursos públicos comunitários e, consequentemente, trazendo reais benefícios para os nossos privilegiados e menos favorecidos, neste regime capitalista onde prevalece a lei do maior esforço e até mesmo da concorrência desleal.

Erramos, é verdade, todavia só erra quem está fazendo alguma coisa. Se você não faz nada já está cometendo o maior erro, o de nada fazer.

Não só momentos de desencontros, como também de alegrias e confraternização, fizeram parte desta nossa convivência. Como diz o grande sábio, todos nós temos uma mala de conhecimentos, e posso afirmar sem nenhum medo de errar que vocês colaboraram e muito com o engrandecimento e aperfeiçoamento da minha mala, nesta duradoura convivência, com trocas de informações, com feedbacks construtivos e o carinho afetuoso. Não tenho como lhe retribuir, a não ser rogar a DEUS, para que vocês sejam felizes e venham atingir os objetivos desejados e abençoados.

Não acredito em coincidências, creio, sim, nas providências Divinas. E por providências de DEUS nos foi proporcionado trabalhar com vocês todos estes curtos anos, dos quais sempre serão lembrados em toda minha existência terrena.

E ainda pelas providências Celestiais, a partir de hoje, estaremos lotados no "Controle Interno", onde iremos contribuir com nossa modesta colaboração nas prestações dos serviços.

Ao sairmos desta Diretoria, apenas fisicamente estaremos ausentes, mas, em coração e a alma, continuaremos sempre com vocês. Queiram nos desculpar pelas falhas cometidas.

Enquanto vida eu tiver e para onde eu for, jamais esquecerei deste provérbio: "Deus não é justo por ser bom, Ele é bom por ser justo".

Foi bom ter me permitindo conviver com vocês.

TENHO DITO!!!

TÍTULO DE CIDADÃO DA CIDADE DE TOCANTÍNIA
TOCANTÍNIA-TO, 2007

Saudações:

- Autoridades Eclesiásticas aqui presentes, pois são elas que representam a maior autoridade deste mundo nosso (Senhor JESUS CRISTO).

- Excelentíssimo Senhor Manoel Silvino Gomes Neto, Prefeito de nossa cidade.

-Excelentíssimo Sr. Junior Benvindo da Luz, Vereador Presidente da Câmara de Vereadores de Tocantínia.

-Demais Vereadores.

- Excelentíssimo Sr. José Wilson Siqueira Campos, Ex-Governador do Estado do Tocantins.

-Excelentíssimo Sr. João Ribeiro, Senador da República.

-Excelentíssimo Sr. Eduardo Gomes, Deputado Federal.

-Demais autoridades Civis e Militares aqui presentes.

-Minhas Senhoras, meus senhores e público em geral, considero como a maior autoridade em qualquer evento, pois são vocês que delegam poderes por meio do voto, a fim de que sejam constituídas as autoridades para bem representá-los.

Uma das maiores honrarias materiais que o ser humano pode receber é, sem dúvida, o título de cidadão de uma cidade. Isso não acontece por critérios de simpatia, proteção ou mesmo político. Se está ocorrendo, é porque o homenageado prestou serviços ou conseguiu benefícios de alta relevância para aquela comunidade.

Nos meus mais ambiciosos sonhos, nas minhas mais fantasiosas aspirações, jamais pensei em merecer altíssima homenagem, de grande valor benemérito que agora estou recebendo. Esta homenagem é para mim, mais valiosa que o mais alto e destacado cargo na esfera do País e ainda mais preciosa que as maiores riquezas terrestres.

Na nossa trajetória política comunitária, pautamos nossas ações com prioridade, sempre voltada para os menos favorecidos. E por onde passamos nosso alvo de evidência foi, é e sempre será a "Combatida Tocantínia".

Quando falamos em "Combatida", imediatamente vem nossa memória o missionário Frei Antônio de Ganges, um dos primeiros desbravadores e fundadores desta cidade, que, com a sábia sabedoria Divina, profetizou esta situação para Tocantínia e acrescentou: "Tocantínia será combatida, mas nunca vencida".

É verdade, Frei Antônio, a Tocantínia tem sido "Combatida", porque não dizer quase sucateada, por ter sido vítima de inescrupulosos representantes da população, onde delapidaram o patrimônio do povo, utilizando em benefícios próprios e de forma esbanjadora e desregrada, deixando os humildes e excluídos à margem das castradas oportunidades.

Sempre defenderei esta mensagem bíblica: "Mais vale dividir o pouco com os humildes, do que saciar o muito e que não lhe pertence com os soberbos".

Faz-me lembrar da célebre frase de do Ex-Presidente dos Estados Unidos, Abraham Lincoln: "É possível enganar alguém durante todo tempo, também é possível enganar todos durante algum tempo, mas é impossível enganar todos todo o tempo".

Foi o que fizeram prefeitos que aqui passaram, enganaram a população durante suas gestões, adquiriram patrimônios admiráveis, usaram de malversação do dinheiro público e deixaram a prefeitura mais pobre do que o povo e devendo somas incalculáveis.

Mas a população sabe quem são eles, e, com certeza, já começaram a pagar seus tributos no julgamento das urnas eleitorais.

Não me refiro a todos que administraram nossa cidade. Temos algumas exceções e, dentre elas, destacamos como exemplo a ser seguido o memorável Antônio Benvindo da Luz, parente do nosso Prefeito e nosso Presidente da Câmara, homem íntegro, idôneo, justo, honesto e participativo. Vestia não a camisa, e, sim, toda a roupa dos pobres, e sua administração sempre foi voltada para os menos favorecidos.

Ainda falando na frase de Abraham Lincoln, na qual ele afirma que "é impossível enganar todos todo tempo", e também no Profeta Frei Antônio, que afirmou que "Tocantínia será combatida, mas nunca vencida". Eles não conseguiram enganar todos todo tempo, e a Tocantínia, apesar de ter sido combatida, mas nunca foi vencida. E a prova maior é porque DEUS, em sua infinita misericórdia, nos presenteou com um Prefeito progressista, empreendedor, guerreiro, lutador, promissor, honesto, trabalhador, humano, justo e um grande combatente em defesa dos humildes e acirradamente contra as práticas de corrupções. Ele sempre tomou medidas acertadas, para que o dinheiro do povo seja devolvido aos cofres públicos, que comprovadamente no passado sofreu práticas de despudoramento.

Prefeito Silvino, continue sua jornada porque a população, principalmente a dos desassistidos, está do seu lado para, juntos, unirmos forças com objetivo de ressuscitar com muito progresso e grande avanço, em se tratando de desenvolvimento para nossa sofrida Tocantínia.

Neste momento, desejo agradecer a todos aqueles que acreditaram e participaram de nossos projetos, visando sempre à melhoria e ao bem da coletividade tocantiniense.

Agradeço ao Poder Executivo, em nome do nosso dinâmico Prefeito Sr. Silvino, e ainda à Câmara de Vereadores, que aprovaram o nosso título de Cidadão de Tocantínia por unanimidade e sem contestação proposta apresentada pelo grande Líder Vereador Presidente Junior Benvindo e pelos Ex-Vereadores de legislação passada, em nome de Meirivaldo Alencar, que também teve a mesma intenção, não conseguindo por questões não questionáveis.

Sinto-me orgulhoso em receber este título juntamente aos políticos de muita projeção e de vasta folha de prestação de serviços, não só para nossa cidade, como para meu estimado estado.

DESTACAMOS:

-Sr. José Wilson Siqueira Campos, Ex. Governador do Estado do Tocantins e grande líder de projeção nacional e ainda responsável maior e fundador do nosso estado.

-Sr. João Ribeiro, Senador da República.

-Sr. Eduardo Gomes, Deputado Federal.

-E os demais que merecidamente hoje recebem esta grandiosa homenagem.

Eles não mediram esforços se tratando de encaminhar os benefícios para nossa querida Tocantínia.

Ao recebermos esta homenagem, não há como deixar no esquecimento o nome de alguns pioneiros, representando muitos, que também colaboraram com o engrandecimento e que já partiram para a Eternidade e que merecem desta cidade nossas grandes honrarias. Citamos:

- Monsenhor Pedro Pereira Piagem;
- "Dona" Beatriz Silva;
- Antônio Cardoso;

- Henrique Dias Brito;
- Zeca Alencar;
- Dourival Miranda;
- Antônio Benvindo;
- Manoel Benvindo;
- Benvindo da Luz;
- Sebastião Barros (meu avô);
- Nelson Louzeiro (meu tio);
- Venceslina Mascarenhas (Minha mãe);
- Agostinho Barros (Meu pai);
- E tantos outros.

Com o título que ora recebemos, aumenta mais ainda nossa responsabilidade com os destinos de nossa querida cidade. Não temos pacotes de soluções, mas o desejo de encontrá-las, não desejamos ser senhor, e, sim, servo de vossas aspirações, pois temos nossas limitações, e não somos gestores de dinheiro público, não somos perfeccionistas. Por isso, erramos, todavia jamais por omissão. Afirmamos, onde estiver ao nosso alcance, jamais mediremos esforços em prol do engrandecimento desta querida Tocantínia.

Ao concluirmos, dizemos que:

Serviço público é servir ao público com a maior qualidade e eficácia possível, de forma a atender aos anseios da comunidade. O povo são os verdadeiros proprietários do dinheiro público e das ações das autoridades constituídas.

TENHO DITO!!!

MANIFESTO, A VITÓRIA DOS HUMILDES PALMAS-TO, 2007

Saudações:
Senhores e Senhoras:

- Nossos primeiros cumprimentos às Autoridades Eclesiásticas, verdadeiros representantes do Governador Universal – Nosso Senhor **JESUS CRISTO**;

- Cumprimentamos o povo, a maior autoridade nos evento de qualquer natureza e as Autoridades Civis e Militares, por delegação da comunidade em nome do nosso ilustre Governador Marcelo Miranda;

- Meus cumprimentos especiais a todas as mulheres do nosso estado e de outros, em nome da Primeira Dama, "Dona" Dulce Miranda, e de minha esposa, Janete Santana Aguiar Mascarenhas, Terceira Dama. Por que terceira? Sabemos que a primeira é a esposa do Governador, a segunda, do Vice-Governador, e a terceira, do eleitor.

O que é manifesto? É uma declaração pública e um desejo ou a alta afirmação de um ideal em torno de um objetivo. E este é desejar que o nosso Governador continue como sempre fez, a administrar o nosso Estado, priorizando os anseios do povo de forma democrática, participativa, arrojada, justa, promissora, transparente e orientada sempre **nos princípios Cristãos Celestiais**.

Falamos tudo isso em nome das entidades comunitárias, as quais fundamos, dirigimos e, ainda hoje, continuamos em pleno exercício do cargo.

Falamos, ainda, em nome dos sem casa, sem teto, sem terra, sem emprego, sem comida, sem patrimônio, sem oportunidades, dos humildes, dos desassistidos e, por que não dizer, dos excluídos desta sociedade selvagem, onde até hoje o regime capitalista pressupõe o individualismo e a lei do maior esforço, trazendo, com isso, concorrência desleal e desigual do ser humano, cujo valor é medido pelo que você tem. Se você tem um carro de luxo, você tem um grande status; e se você só tem uma bicicleta, você é discriminado, rejeitado e não vale mais do que a bicicleta, sendo condenado ao isolamento, ficando às margens das conquistas e perspectivas da vida. Confortamo-nos porque, perante o Regime Celestial, somos todos iguais em nossas ações e, conforme sejam elas, seremos templo e morada do **Espírito Santo**.

Tudo isso são frutos podres resultante de um regime autoritário e centralizador, em que o nosso Estado viveu 10 anos de poder, promovendo e priorizando o concreto armado, com obras faraônicas e até mesmo ociosas sem ouvir o povo (entendemos que a população é quem deverá eleger suas prioridades); fomos castrados do direito oficial de participação e das oportunidades que a nossa Lei maior depois da **Bíblia**, ou seja, a Constituição Federal, nos ampara como seres humanos e legítimos e verdadeiros donos do dinheiro que é nosso, o dinheiro público.

O estado foi, mas agora não é e nunca mais será fazenda e propriedade particular da União do Tocantins.

Deveremos nos conscientizar de que a Lei maior diz: "Todo poder emana do povo, e em seu nome será exercido". Se o poder emana do povo, o povo deverá ser consultado nos seus projetos, necessidades, aspirações e anseios da comunidade.

E é isso que o Governador Marcelo Miranda vem realizando em suas ações participativas, levando o palácio para atender às castradas necessidades do povo em todas as cidades, por intermédio do governo mais perto de você e de mim.

Parabéns, Governador, nós, humildes, agradecemos por este gesto sublime de administrar vindo ao nosso encontro, a fim de solucionar nossas dificuldades. Isso nos tem trazido a sensação de também sermos gente com importância igual perante as leis. São incontestáveis os grandes benefícios que temos recebido, além de nossa valorização como gente e ser de alto alcance social. O dinheiro do povo tem sido gasto com o povo e para o povo. E é isso o que o senhor tem praticado.

Como funcionário público estadual, padecemos com o governo dos 10 anos, ficamos à mercê do abandono, sem nenhuma perspectiva de crescimento e de, até mesmo, usar o maior direito de qualquer ser humano, a prática da brasilidade, cidadania e democracia. Cassaram o nosso direito de voz, pois chegaram ao ponto de contrariar os Direitos Mundiais, os quais afirmam que "todo homem tem o direito de fundar Sindicatos, Associações, e neles ingressarem para a proteção de seus interesses".

Aqueles que se manifestarem por meio de uma destas entidades, quando não era usado de pelegagem, recebia, em contrapartida, retaliações, discriminação ou represália.

Dez anos de baixos salários congelados e, para completar o desmando, retiraram-nos, sem nenhuma consulta, o nosso Instituto de Saúde. Sei daqueles que se tornaram mártires, nossos companheiros que perderam suas vidas, por falta de condições de um tratamento de saúde de respeito que todos nós merecemos.

No entanto, esses mártires estão a interceder por nós. Prova maior é a reeleição de Marcelo Miranda, permitida e aprovada pelo nosso Senhor **JESUS CRISTO**.

Não é fácil, senhor Governador, sabemos que recebeu um Estado endividado, sucateado e, para completar, com um funcionalismo desmotivado pelas más ações de um Governador voltado para os interesses dos poderosos, os laranjas, limas e limões da vida. Todavia, com a sabedoria carismática que **DEUS** lhe concedeu e através da inteligência de seu pai grande e maior estrategista político que já conheci, neste Estado (costumo afirmar construtivamente que o mesmo em estratégia é o Golbery Couto e Silva do Tocantins) e da sua mãe pelas incontestáveis e fervorosas orações e ainda pela sua estimada esposa, tida como a "**mãe dos pobres**". Tudo sem nenhuma exceção foi dignamente recuperado. Hoje, o triste funcionário voltou a sorrir, temos salários dignos para nosso sustento, de nossos familiares e, até mesmo, compartilharmos com nossos irmãos necessitados. Funcionário hoje não morre mais à míngua e desassistido, porque o nosso plano de saúde que o senhor nos presenteou é tido como um dos melhores no cenário nacional.

Que **Deus** lhe cubra de bênção por tudo isso.

Como Fundador do Sindicato dos Funcionários do Tribunal de Contas e Presidente do Conselho Deliberativo da Associação daquele Tribunal, devo falar publicamente que, novamente, o governo dos 10 anos mais uma injustiça cometeu. Em 1995, concedeu um pequeno aumento ao seu gosto para os funcionários do Estado, todavia, ao seu bel prazer, deixou os servidores do Tribunal de Contas chupando os ossos dos dedos porque as carnes já haviam desaparecido. Acreditamos que tenha utilizado de atos de peleguismo e negociatas na calada da noite em detrimento dos humildes, pois até mesmo os resultados judiciários que ocorreram de forma satisfatória em outros órgãos (a mesma causa) nos foram negados sem explicações convincentes. Hoje nos perguntamos o que fizeram com o dinheiro dos humildes e, principalmente, com o da "Dona" Maria da Copa e de seus 14 filhos.

Governador, encaminhamos à Vossa Excelência mais esta injusta, autoritária e degradante situação, herança da União do Tocantins.

Sem desmerecer aos demais, no entanto, não podemos deixar de mencionar os atos corajoso do Deputado César Halum, grande parlamentar que, bem antes das eleições, já denunciava por escrito os desmandos e as falcatruas da desunião do Tocantins. Não só ele como todos os candidatos da União da Vitória colaboraram para esta grande conquista do povo.

Meus agradecimentos à Ana Rosa, Diretora do Banco da Gente, onde os humildes têm privilégios e prioridades. Ao Adão Índio, que é da minha etnia, conhecido também como Adão Padre, pelas suas fortes orações. Ao vereador Evadrin, pela brilhante atuação sempre ao lado dos injustiçados e menos favorecidos.

Meus agradecimentos maiores a **DEUS**, pelas ações das mensagens bem claras e estampadas na nossa Bíblia Sagrada.

Citamos:

1. **Quando os ímpios se multiplicam, multiplica o crime. Mas os justos (os seguidores de Deus) contemplarão suas quedas.**

2. **Quando governam os justos, alegra-se o povo; quando governa o ímpio, o povo geme.**

3. **Os justos caem sete vezes, mas se erguem, enquanto os ímpios desfalecem na desgraça.**

Não foram escritas por mim estas Leis Divinas, e, sim, pelos Profetas ungidos, inspirados e guiados pela sabedoria do **Espírito Santo.**

A vitória dos humildes contra os insensatos, hipócritas e poderosos, materialmente os avarentos, veio banir de vez com o governo autoritário e fazer com que venha aparecer alimentos na mesa dos pobres, porque nós não comemos concreto armado. Agora, sim, temos certeza de que o nosso povo nunca mais vai viver gemendo e governando pelos ímpios.

Em primeiro lugar, meus parabéns a você, eleitor, pela acertada escolha. Ao Governador Marcelo Miranda, que suportou transgressões, perseguições e dissabores em defesa de nossa causa, tudo isso provocado pelos desequilibrados, despreparados e levianos adversários do povo. Tenha certeza, Governador, esta brilhante história está registrada em nossa memória e no livro da sabedoria dos seguidores de **DEUS**.

Parabéns! Parabéns! Parabéns!!!

A nossa Senadora Kátia Abreu, vítima de baixarias de toda natureza, com tudo isso, mais uma vitória que também é nossa, o povo sepultou definitivamente o malvadezinha nosso adversário.

Ao Vice-Governador, aos Deputados Federais e Estaduais eleitos ou não, podemos comemorar, porque a desunião do Tocantins cavou e tomou posse da sua própria sepultura.

Agora eu corto o meu cabelo e faço minha barba, porque tenho certeza de que nossas orações e o meu voto a **DEUS** foram atendidos em sua plenitude.

"DEUS não é justo por sem bom.
Ele é bom por ser justo."

OS HUMILDES VÃO CONTINUAR NO PODER **COM A BÍBLIA**, E NÃO COM ESPORAS E CHIBATAS, SABENDO QUE NUNCA MAIS HAVERÁ RETROCESSO.

RETIREI A MARCHA RÉ DO MEU CARRO, PORQUE **"PRA TRÁS NUNCA MAIS"**.

TENHO DITO!!!

MANIFESTO ÀS DORES DOS TRIBUNAIS DE CONTAS BRASIL
PALMAS-TO, 2007

O VERDADEIRO DEMOCRATA É AQUELE QUE SUPORTA OPINIÕES CONTRÁRIAS ÀS SUAS E SE ESFORÇA O MÁXIMO POSSÍVEL PARA APROVEITAR AS DELIBERAÇÕES OCORRIDAS NOS CAMPOS DAS IDEIAS.

Rogamos a DEUS sabedoria, e que não só este manifesto seja concretizado, não a minha vontade, e, sim, a Santíssima Trindade.

OBS.: Este foi abençoado pelo Padre Alfredo, no dia 02 de novembro de 2006 (Dia de Finados).

13/05/2007 – 90 anos completos do aparecimento de Nossa Senhora em Fátima – Portugal.

(AS DORES DOS TRIBUNAIS DE CONTAS DO BRASIL E DO ESTADO DO TOCANTINS e REINVINDICAÇÕES PARA E/OU JUNTO À NOSSA NAÇÃO).

SAUDAÇÕES:

- Em primeiro lugar, cumprimentamos as Autoridades Eclesiásticas presentes ou não, em nome do maior líder comunitário que já existiu e sempre existirá, nosso Senhor JESUS CRISTO.

- Cumprimentamos a Presidente e todas as mulheres deste evento, em nome de NOSSA SENHORA APARECIDA, Padroeira do Brasil e dos oprimidos.

- Cumprimentamos, ainda, todos homens presentes neste evento, em nome do 1º Presidente do nosso Tribunal de Contas do Tocantins, o guerreiro e protetor dos humildes, saudoso Antônio Gonçalves de Carvalho Filho, ausente materialmente neste encontro, todavia presente com suas divinas intercessões.

Senhores e Senhoras.

Por que, na maioria das vezes, costumamos realizar nossos pronunciamentos por escrito?

1. Porque não somos portadores de memória privilegiada e fotográfica, de ter essa capacidade ao ponto de decorar trechos e conteúdos com facilidade.

2. Sem nenhum demérito, ao contrário, temos grande admiração por aqueles que são dotados dessa excepcionalidade, entretanto o bom orador não é aquele que decora conteúdos, e, sim, o que expressa com naturalidade, de forma oral e escrita, sabe buscar e interpretar com sabedoria os objetivos desejados.

3. No pronunciamento escrito, dificilmente você deixa de expressar tudo que deseja com riqueza de vocabulário. Sendo bem-sucedido, torna-se um documento histórico que, com certeza, servirá de tomadas de decisões. Fato histórico verdadeiro ocorreu na Roma Antiga, o grande Cícero o maior Orador daquela Nação, teve uma experiência amarga, ao defender no Tribunal seu amigo Milão, o fez de forma verbal, não convenceu e nem comoveu os Juízes, como resultado Milão foi condenado.

Amargurado, Cícero, durante vários dias, escreveu um dos mais belos discursos que jamais se proferiram no mundo, a célebre "Oração pro Milone". Mas era tarde, Milão já estava condenado.

Cícero escreveu a célebre "Oração pro Milone", e eu vou tentar escrever as principais reivindicações de nossos servidores e expor publicamente as distorções e injustiças que já ocorreram e estão ocorrendo no nosso Tribunal de Contas do Estado do Tocantins.

Em 1995, o Governo da época concedeu um pequeno aumento ao seu gosto para os funcionários do Estado, todavia a seu bel prazer deixou os servidores de nosso Tribunal chupando os ossos dos dedos porque as carnes já haviam desaparecido. (Pois neste mesmo ano, contra tudo e contra todos, o impossível aconteceu, contrariando os princípios da Cristandade e dos homens. Arrancou do nosso bolso nosso salário, reduzindo a índices intoleráveis; vi funcionários vendendo fogão para pagar dívidas. No Tocantins era assim, as Leis existiam, mas eram os temporariamente poderosos que mandavam nelas). Acreditamos que tenha utilizado de atos de peleguismo e negociatas na calada da noite em detrimento dos humildes, pois até mesmo os resultados judiciários que ocorreram de forma satisfatória em outros órgãos (a mesma causa) nos foram negados e sem explicações convincentes.

Hoje nos perguntamos o que fizeram com o dinheiro dos humildes e, principalmente, com o da "Dona" Maria da Copa e de seus 14 filhos.

Mais outras injustiças do Governo passado que merecem poucas lembranças, com objetivos desconhecidos da população, decretou e empurrou a toque de caixa a responsabilidade para que o Tribunal se responsabilizasse pelo pagamento dos aposentados e pensionistas do TCE. Tirando poderes do instituto de previdência, arrasando com o nosso orçamento, deixando nossos gestores sem alternativas de valorizar e melhor renumerar os servidores. Soma incalculável, aproximando-se de R$ 400.000,00 (quatrocentos mil reais). No Tocantins era assim, as leis existiam, mais eram os ex-poderosos que mandavam nelas. Para prejudicar os humildes, mesmo que viessem contrariar a Constituição Federal, as ações inescrupulosas falavam mais alto.

Mais injustiça, temos vários e vários servidores buscando se aperfeiçoar estudando diuturnamente, sacrificando o pouco que percebe o convívio religioso e familiar, a título de desempenhar com eficácia suas atribuições, deles com cursos de pós-graduação, desempenhado atribuições conforme sua escolaridade, tendo como exemplo cargo de auxiliar de serviços gerais, o que é pior, percebendo injustamente a remuneração de auxiliar, contrariando a Constituição Federal em seu princípio de Isonomia (trabalho igual salário igual), cargo que ocupa há mais de 17 anos, sem nenhuma perspectiva de ascensão funcional. Não entendo o tratamento injusto, pois é comprovado na administração direta que os servidores, ao concluírem seus cursos, imediatamente passam a receber remuneração de pró-labore digna conforme sua escolaridade. Qual é o estímulo e a motivação que esses servidores têm para estudar. O Tribunal continua a perder esses profissionais, porque as oportunidades de crescimento foram castradas sem maiores explicações, e quem paga por tudo isso é a comunidade que não tem nada a ver com o emperramento da máquina administrativa, causada por dirigentes que, por motivos desconhecidos, ainda não enxergaram, não sensibilizaram e tampouco solucionaram essa degradante e gigantesca arbitrariedade cometida em detrimentos dos humildes (conhecidos como oreia seca).

Outra injustiça camuflada sem o conhecimento da população. Não existe legalidade nem tampouco uniformidade neste sofrido Brasil, se tratando da quantidade de Auditores e Procuradores existentes nos Estados. E ainda falta isonomia salarial, em função do nível de receitas de cada Estado para eles e para nós os "oreias secas". A título de informação, citamos como exemplo a berrante situação na grande e rica São Paulo, que tem apenas 1 auditor e zero procurador, enquanto isso, o pobre Tocantins tem a soma exagerada de 14 auditores e 10 procuradores e ainda mais 7 da magistratura perfazendo uma soma de 31 que estão a devorar 49.91% da folha de pagamento e deixando os 460 oreias secas, que somos maioria eleitoral, às migalhas que sobraram por esquecimento. Tocantins bate recorde ganhando até mesmo do Tribunal Federal, ou seja, do Tribunal de Contas da União, onde tem apenas a justa quantidade de 2 auditores e 7 procuradores, o que é merecido. Os ocupantes dos cargos são terceiros de boa-fé e jamais deverão pagar por erros cometidos pelos descompromissados, malversadores e sucateadores do dinheiro do povo. Precisamos urgentemente de uma solução, sem jamais prejudicar meus colegas de trabalho e que ocupam os cargos referenciados. Mais uma bucha gigantesca e um jacaré caduco com casco enraizado, acompanhado de um baiacu erado para o Senhor tirar o couro com faca cega, Governador Marcelo Miranda, herança decadente, degradante e deprimente de seu antecessor.

É isso aí, no Brasil, tudo se pode, existem leis sobrando para amparar a malversação do dinheiro público e ainda para proteger ricos avarentos tendo privilégios diferenciados. Todavia, ficam presos sem perspectivas de liberdades e recuperação, caindo no esquecimento e vegetando nos desumanos porões carcerários aos pobres, oprimidos e desempregados, também filhos de Deus, carregando a sua pesada cruz e vivendo às margens das castradas oportunidades que esta sociedade selvagem tenta retirar dos humildes os direitos de igualdade perante a DEUS e as leis dos hereges, hipócritas, insensíveis, irracionais e falhos humanos.

O país não tem outro caminho p se tratando da fiscalização do dinheiro do povo. Urgentemente precisa mudar o critério de escolhas dos Conselheiros dos Tribunais de Contas, sem prejudicar os ocupantes atuais desses cargos.

Como sugestão, que seja realizado, criteriosamente, concurso público e/ou escolha pelas entidades de classe, a exemplo da CNBB, dos sindicatos, associações e demais entidades comunitárias.

Tem que banir de vez a injusta escolha por Governador ou Presidente da República, se não os Tribunais vão continuar fiscalizando, na maioria das vezes, somente as contas dos adversários e levando a fama de "Tribunais fazem de conta".

O grande profeta fundador dos Tribunais de Contas, RUI BARBOSA, temia que eles viessem a ser instituições de ornato aparatoso e inútil. Verdadeiro profeta. Eu diria que sua profecia está a se cumprir quase que na sua totalidade.

Falando em Tribunais de Contas, falaremos em corrupção, pois é o alvo maior de combate em nossos trabalhos, e haja trabalho nesta cancerosa área.

É prática e moda atual em várias repartições públicas utilizar de vários códigos mafiosos e corruptíveis, um deles o CPF, o que significa: Comissão Permanente por Fora.

Até mesmo os empresários honestos, em certos momentos, são obrigados a dar uma propina, para evitar atos de perseguições, retaliações e interdições em seus estabelecimentos.

O Presidente da República, nesta data, Luís Inácio Lula da Silva (Lula), juntamente com a força policial e, principalmente, a federal, tem demonstrado o máximo possível, ao ponto de os adversários do seu governo admitirem com naturalidade que ele está agindo de forma satisfatória, no que diz respeito ao combate aos depiladores do patrimônio do povo, levando graúdos a serem punidos pelas falcatruas cometidas e contrárias ao merecido e aplaudido, o grandioso, programa "Fome Zero".

A corrupção no Brasil é integrada na cultura nacional, ganhando até mesmo do carnaval e do futebol. E agora, Doutor, como combater este câncer proliferado?

Muito Simples.

Como solução total para tudo isto, está bem explícito nas orientações contidas nos 10 divinos Mandamentos da Lei Universal, o homem que pratica ou, pelo menos, medita e da atenção, com certeza, melhora sua dignidade humana e não comete estas arbitrariedades com tanta avareza em detrimento e sofrimento para os menos favorecidos.

Faça sua reflexão:

- Amar a Deus sobre todas as coisas;
- Não tomar seu santo nome em vão;
- Guardar os domingos e festas;
- Honrar pai e mãe;
- Não matar;
- Não pecar contra a castidade;
- Não furtar;
- Não levantar falso testemunho;
- Não desejar a mulher do próximo;
- Não cobiçar as coisas alheias;

Infelizmente, em nosso subdesenvolvido Brasil, com a incontestável falta de um "Ministério da Desburocratização" e, nos Estados e Municípios, uma Secretaria com o mesmo segmento, podendo ser da desburocratização ou de Organização e Métodos (O e M), com atribuições definidas, falamos do nosso Tocantins, enquanto não adotar essas medidas, a população continuará pagando por danosos prejuízos, provenientes do excesso de burocracia, além da corrupção e dos altíssimos custos pela falta de racionalização nas prestações de serviços.

Ao falarmos em racionalização, nos vem outras palavras que se completam. Ei-las: agilidade, criatividade e dinamização. Sugerimos a implantação desta Secretaria, tendo como várias atribuições e dentre elas:

1. Que seja implantada urgentemente, em todos os Órgãos Públicos Estaduais e Municipais, uma comissão permanente de O e M (Organização e Métodos), a fim de elaborar *layout* com procedimentos administrativos, fluxogramas de tramitação de processos, trazendo racionalidade, evitando, com isso, percursos desnecessários e onerosos, conhecidos como processo cachorro (ao! ao!); (ao! ao!); (ao! ao!). Reduzir ou eliminar, de uma vez por todas, os excessos da burocracia contidos nos formulários sem necessidades e numa grande maioria ociosa, na certeza de economia de bilhões de reais para o Erário Público.

2. Adotar o princípio da "CELERIDADE" – ou seja, reduzir o tempo nas ações de trabalhos, tornando a administração mais ágil, eficiente e eficaz em função da duração, devendo ser propostos comportamentos que são passíveis de serem cumpridos, evitando o travamento da máquina administrativa.

3. Que a sua composição venha obrigatoriamente ser composta por profissionais, com formação, especialização, vocação e aptidão para a área sugerida.

Quanto à comissão de O e M, sugerimos no Egrégio Tribunal de Contas do Estado do Tocantins e tivemos a satisfação de saber que foi aprovada e está sendo implantada. Lamentavelmente, não fui oficializado nem agradecido, mas DEUS sabe disso. Que haja resultados satisfatórios. No entanto, vejo isso como apropriação indébita do esforço alheio e, com certeza, é um agravante incontestável. Quanto à implantação dela, todavia já se encontra em fase de conclusões na elaboração do fluxograma de tramitação de processos deste TCE, evitando, com isto, os processos cachorros (ao! ao!! ao!!!).

Em nosso país, é raramente utilizado o critério técnico para selecionar os dirigentes, o que mais prevalece além do nepotismo e, atualmente, o que está na moda, o nepotismo cruzado o do por simpatia ou político, razão maior pela falta de qualificação para o exercício do cargo. E possamos afirmar que são milhões a ocuparem cargos de extrema importância e encontram-se fazendo de conta que estão desempenhando atribuições que lhes foram constituídas. Como incontestável afirmação da Conselheira Presidente do Tribunal de Contas do Estado do Tocantins, Doris de Miranda Coutinho, "a regra deve ser investir o homem no cargo e não o cargo no homem". E nós acrescentamos e indo sempre de encontro ao princípio da "INDUÇÃO – "o homem certo no lugar certo".

Temos saudade do grandioso Ministro Hélio Beltrão, que, na década de 1970, ocupou com desmedidos esforços e muita qualidade o destacado cargo de Ministro da Desburocratização. Dentre várias decisões aplaudidas, uma me marcou até hoje. Permitiu que todas as repartições públicas recebessem documentos manuscritos, tendo como motivo maior porque o pobre não tem máquina de escrever.

Parabenizamos ao magnificente Ministro, pela sua vasta e incontestável colaboração com este país, e que a falta de continuidade de seus relevantes trabalhos contribui até hoje para o excesso de burocracia, a facilidade para a <u>corrupção</u> e o emperramento se tratando do progresso, desenvolvimento, cidadania, igualdade de oportunidades, isonomia e crescimento do povo e desta Nação.

Prova maior e comprovada de tudo isto foi a recente declaração do nosso Presidente da República, Luís Inácio Lula da Silva (Lula) em entrevista coletiva na TV Band, no dia 29/10/2006, no período noturno. Logo assim que ficou sabendo dos resultados das eleições e passou a falar de seus projetos futuros e como contestação e repúdio ao excesso de burocracia no país, relatou o seguinte fato:

O Presidente do Senegal pediu-lhe um avião pulverizador emprestado, a fim de combater uma praga de gafanhotos. Imediatamente foi solidário com o Estadista e concedeu-lhe o sim. Dirigiu aos seus assessores e pediu providências urgentes.

Todavia, para que pudesse consolidar essa decisão, teria que elaborar mais uma Lei e demandaria vários dias para acontecer, pois o excesso de burocracia em nosso País faz parte da emperrada administração pública.

A Lei demorou tanto a ser expedida, que o atendimento ao solicitado foi realizado tarde demais. <u>Os gafanhotos já haviam devorado todas as plantações que desejariam evitar.</u>

O mais recente, publicado no *Jornal Folha de São Paulo*, do dia 27 de março de 2007, um dos maiores desastres, e desta vez ocorrido com os menos favorecidos no nosso próprio país. A exagerada burocracia, porque não dizer burocracia, colaborou com a fome, impedindo que 330 mil famílias que vivem às margens das oportunidades a que o cidadão tem direito viessem a receber sua Bolsa Família.

Os gafanhotos comeram as plantas, no entanto a falta da Bolsa Família colaborou satisfatoriamente, mais uma vez, com as intempéries dos excluídos.

Por esses fatos, podemos concluir os vários existentes no dia a dia, quando muitos ficam na clandestinidade, além das complicações internas, que são várias, e a nossa imagem de Nação subdesenvolvida e ineficiente perante a comunidade nacional e internacional.

Está passando da hora de voltarmos a ser beneficiados novamente com o Ministério da Desburocratização.

Benemérito Ministro Hélio Beltrão, coadunamos com ele, por entender que serviço público é servir ao público com a maior qualidade e eficácia possível, de forma a atender aos anseios da comunidade. Os povos nos delegaram poderes para bem representá-los, e são eles os verdadeiros proprietários de nossas ações, desejando sempre uma administração transparente à luz do sol, dinâmica e participativa.

No Combatido Brasil, o maior mal é a corrupção desenfreada. O pior de tudo é que, na grande maioria, os corruptos são os assessores e auxiliares do dirigente maior. Não é fácil combater porque são muitos, e estes muitos um percentual muito grande não têm dignidade humana nem tampouco vivem os princípios da Cristandade. Para mim, será o maior critério de seleção para os cargos referenciados. Outro mal que ainda perdura são os resquícios do regime autoritário, cujo direito de participação nos foi tirado. Nosso povo, pelas razões expostas, tem muito que aprender, viver, respirar e colocar em prática, sem medo, vacilo, o exercício pleno da democracia, brasilidade e cidadania.

É nosso dever, sem extremismos e radicalismo, praticar o exercício da soberania popular, por meio da democracia, exemplar de regime de um valor extraordinário, implantado no nosso país, faltando apenas ser estimulado e aperfeiçoado. No entanto, temos que observar e praticar a incontentável sabedoria contida na Bíblia, e ela está presente em todas, sem nenhuma exceção, as situações existentes neste mundo, ela nos afirma que "conforme é o povo, também será seus Governantes". Se tudo isto ocorreu e está ocorrendo é porque merecíamos e foi permissão e vontade de Deus.

Bill Gates, com seus programas de computadores, colaborou enormemente com a descentralização de tudo em todo globo terrestre. A última dele deseja acabar de vez com o papel do mundo. De acordo com um escritor nordestino, do qual não gravei o nome, é muita pretensão, "porque para isso acontecer necessário se faz antes de tudo escrever um livro": e livro se escreve é em papel. Com tudo isso, acabando ou não com o papel, sua contribuição está sendo valorosa no combate à centralização e à corrupção.

Administração com critérios Cristãos é a solução contra o mal-uso da máquina administrativa, os excessos de formulários, a consequente exagerada burocracia, a farra com os gastos exorbitantes e desnecessários do dinheiro do povo, sem mencionar a corrupção desenfreada em nosso país, com tudo isso por força do destino do estimado Brasil.

Antes de concluirmos, vai aqui o meu repúdio ao Presidente Lula e/ou ao Ministro do Trabalho, onde o Presidente nasceu da luta sindical. Não entendemos, Presidente, os inaceitáveis, exagerados e inacreditáveis entraves e/ou burocracia, se tratando da liberação de uma simples carta sindical para nosso legítimo sindicato. O benefício não é só meu, e, sim, de seus fiéis eleitores do Tribunal de Contas do Tocantins.

Agradecemos publicamente ao Dr. André Bucar, Assessor do Ministro do Trabalho, que, com muita sensibilidade humana, abraçou esta justa causa e nos proporcionou a expedição da sonhada CARTA SINDICAL.

É lamentável, mas concluímos afirmando que: no Brasil, o dinheiro público entra por várias fontes (30; 90; 33), eu diria oceanos, pois temos uma das maiores e pesadas cargas tributárias do mundo, e sai malversado, desordenado, desviado, propinado, pouco utilizado e mal aplicado nas necessidades dos oprimidos desta Nação sofredora. Ele entra pelas fontes e sai pelos esgotos.

"Sou Administrador, e administrador é Administrar a dor."

Essas são as maiores dores do Brasil e dos Tribunais de Contas. Avança Brasil, Avança Tribunais, Avança Tocantins e Avança Tocantínia.

EM NOME DO POVO,

TENHO DITO E CONTINUAREI ETERNAMENTE DIZENDO

Deus não é justo por ser bom.

Ele é bom por ser justo.

MUITO OBRIGADO!!!

MENSAGEM DE ANIVERSÁRIO PALMAS-TO, 2009.

PARA: Janete Santana Aguiar Mascarenhas.
(Minha Esposa)

(ANIVERSÁRIO)
Palmas-TO, 2009.
Senhores e Senhoras:

Este dia me faz lembrar de quanta diferença você faz na minha vida;
A sua amizade me ajuda e me renova, o seu carinho me completa e me acalma;
Você veio para preencher os espaços vazios da minha vida;
Por tudo isso, desejo: que sua vivência seja repleta de alegria, muitos anos de vida, muita saúde, muita paz e que você continue sendo assim eternamente.
<u>PARABÉNS PELO ANIVERSÁRIO! E QUE DEUS PROTEJA SEMPRE SEUS CAMINHOS E OBJETIVOS.</u>
Palmas-TO, 21 DE MAIO DE 2009.

ANIVERSÁRIO DE IRMÃ BRASÍLIA-DF, 2013.

Eliene Mascarenhas Barros.
(Minha Irmã)
ANIVERSÁRIO 50 ANOS)

CUMPRIMENTO A TODOS OS PRESENTES EM NOME DA ANIVERSARIANTE

Eliene,
O aniversário nada mais é que uma oportunidade de mais um ano de vida que Deus está a permitir que isso venha acontecer.

50 anos é um grande privilégio e uma grande dádiva ocasionada por Deus, no sentido de que todos esses anos viessem lhe proporcionar oportunidades de convivências dignas e com muitas amizades comprovadamente por este público, que ora lhe acolhe neste e em outros momentos da sua vida.

Não temos como esconder como importante seria para nós se estivessem presente materialmente nossos queridos pais, Agostinho Barros Louzeiro e Venceslina Mascarenhas Barros, no entanto presentes espiritualmente e na certeza de que suas satisfações com este aniversário e outros momentos é, sem dúvida, radiante e de muitas felicidades. Papai, Mamãe, rogamos sempre a DEUS, pelas suas sublimes almas, e reafirmamos que jamais esqueceremos as incalculáveis bondades que o senhor e a senhora nos proporcionaram em todas suas existências. Meus eternos agradecimentos, dos demais irmãos e ainda da nossa aniversariante, a caçula Enezila, conhecida como Eliene e carinhosamente tratada como Branca.

Nossos pais mudaram para a eternidade, não estão presentes materialmente neste jubiloso aniversário, todavia temos a certeza de que lá do além onde se encontram, ou até mesmo transitoriamente aqui, suas satisfações, suas generosidades, estão a nos orientar paternalmente. Papai, Mamãe, não temos dúvidas, os senhores continuam a viver eternamente entre nós.

Quanto à minha irmã caçula, a Branca, aniversariante deste dia, cabe-nos agradecer o irrecusável convite. Nosso desejo de marcar esta presença foi sem dúvida indiscutível viajarmos com este objetivo num percurso de ida e volta a quase 2000 Km, pois somos moradores de Palmas-Tocantins. Não só eu, como a Nildete, o Agostinho e o João, nossos irmãos, o Zé, a Professora Sebastiana, a Suedy e seu filho, Capitão Didácio, Ercílio e meu sobrinho Josué, todos vieram para prestigiar com suas presenças, para este fundamental evento de grande, precioso e de alta importância para todos nós.

Antes de concluirmos, desejo registrar publicamente meus agradecimentos por tudo que a aniversariante e os demais irmãos fizeram por mim, sempre solidários e resolvendo os problemas relacionados, se tratando da minha necessidade de tratamento de saúde, que sempre precisei. Muito obrigado, não sei como pagar e sei, sim, pedir a DEUS que lhes recompense com graças celestiais por esses grandes benefícios. É bom que fique claro que sempre estive, e continuarei, à disposição de vocês para qualquer contribuição no que for necessário.

Estou presente para comemorar este grandioso aniversário, permitido por DEUS, e na certeza de que todos, (Eliene), lhe desejam muitas felicidades, muitos anos de vida, muita proteção de Nosso Senhor Jesus Cristo, de Nossa Senhora e que toda esta festa venha ficar registrada satisfatoriamente nas mentes e almas dos participantes aqui presentes.

PARABÉNS, Branca!
E MUITAS FELICIDADES
Votos de seu irmão – Arnoldo Barros.
DEUS é supremo!!!

MEU ANIVERSÁRIO
PALMAS-TO, 2014

Reverendíssimo
Padre Oniel

Md. Administrador – Sacerdote da Paróquia São Sebastião de Tocantínia Tocantins.

Cumprimento os demais aqui presentes, no nome dos meus colegas de trabalho, Dr. Deusdete Nunes, Dr. Emanuel, Dr.ª Jerônima, Dr. José Ribeiro e, em especial, no de minha estimada filha, a pequena grande Luanna Santana Mascarenhas.

Ao agradecermos a DEUS por este inesquecível momento, iniciamos com 3 marcantes mensagens Divinas.

1ª) O temor ao senhor prolonga os anos e dias de vida;
2ª) Não hei de morrer, viverei para narrar as obras do senhor;
3ª) Daí graças ao senhor porque ele é bom, eterna é a sua misericórdia.

Pela misericórdia de Nosso Senhor Jesus Cristo, hoje completamos 62 anos pela idade normal, todavia temos apenas 15 anos e 6 meses, pois nasci no dia 29 de fevereiro e só completo anos de 4 em 4 anos, portanto sou um dos mais novos deste encontro, isto é, um privilégio. E nestes anos bem vividos, tendo muitos acertos, erramos porque somos seres humanos, temos nossas limitações e ainda estamos expostos às adversidades e tentações do adversário de DEUS. Contentamo-nos em ter a certeza de que: "**São numerosas as tribulações do justo, mas de todas o livra o senhor**".

O aniversário nada mais é que uma oportunidade de mais um ano de vida que Deus está a permitir que isso venha a acontecer.

Sinto-me agradecido por ter esta grande dádiva ocasionada por DEUS, no sentido de que todos esses anos viesse me proporcionar oportunidades de convivências dignas cristãs com muitas amizades comprovadamente por todos vocês, que ora me apoiam e acolhem neste e em outros momentos de minha vida.

Não tenho como esconder como importante para mim e meus familiares se estivessem presentes materialmente nossos queridos pais, Agostinho Barros Louzeiro e Venceslina Mascarenhas Barros, no entanto presentes espiritualmente e na certeza de que suas satisfações com este aniversário e outros momentos é sem dúvida radiante e de muitas felicidades. Papai, Mamãe, rogamos sempre a DEUS, pelas suas sublimes almas, e reafirmamos que jamais esqueceremos as incalculáveis bondades que o senhor e a senhora nos proporcionaram em todas suas existências. Meus inesquecíveis e eternos agradecimentos, para mim, papai e mamãe, pela prática de suas relevantes e bondosas ações afirmamos, eles continuam a viver eternamente entre nós.

E agora chegou a hora dos agradecimentos. Agradeço de coração e alma:

A DEUS, por estes longos anos de minha vida, vividos de forma feliz e satisfatória com muitas graças e proteção de Nosso Senhor JESUS CRISTO, Nossa Senhora, e de todos os Santos, Anjos e Arcanjos dos quais somos devotos.

Aos meus familiares, em especial, à minha esposa, Janete, e às minhas filhas, Lorena e a grande Luanna, as moças que o pai hoje vive para atender aos seus objetivos.

Aos meus amigos, representados na pessoa do Dr. José Ribeiro da Conceição, que sempre se solidarizaram quando das minhas dificuldades da vida e, principalmente, quando me encontrava em tratamento de saúde.

Aos meus irmãos, pelos trabalhos e transtornos que lhes causei quando me encontrava doente e precisando do apoio e proteção de vocês, aqui representados pela Nildete e Agostinho.

Ao Padre Oniel, por ter deslocado distante, vindo de Tocantínia-TO, para, sobre os desígnios de DEUS, nos oferecer o melhor presente deste aniversário, ou seja, Celebrar esta missa, rogando a Santíssima Trindade, graças e bênçãos celestiais não só para mim como para todos os presentes e até mesmos os ausentes.

Ao concluirmos, nesta oportunidade do meu aniversário, sinto o desejo de manifestar publicamente o merecido entendimento e reconhecimento atribuído para todos **os Missionários de Cristo**, Dr.ª Jerônima, e hoje aqui representados pelo Padre Oniel.

Padre Oniel.
Finalizamos com a sublime mensagem, ela não é de nossa autoria:

"O SACERDOTE É SEM DÚVIDA MAIOR QUE REIS, MAIOR QUE IMPERADORES, MAIOR QUE PRESIDENTES, E MAIOR QUE GOVERNADORES, PORQUE É O REPRESENTANTE DAQUELE QUE INDISCUTIVELMENTE É O AUTOR DE TUDO, ELE REPRESENTA O CRISTO ENTRE NÓS, NOSSO INTERMEDIÁRIO ENTRE O HOMEM E DEUS".

Muito obrigado, Padre Oniel.

Muito obrigado a todos presentes.

DEUS é supremo!!!

ANIVERSÁRIO DE MINHA FILHA PALMAS-TO, 2014

Reverendíssimo Pe. Martins.
Aniversariantes: Luanna, minha filha.

Demais presentes e, em especial, Dr. Nelson Jr: meu parente-primo que veio de Brasília-DF nos prestigiar com sua marcante presença.
Agradecemos a DEUS pela oportunidade desta comemoração, a todos vocês pela satisfação e presença nesta jubilosa festa e, ainda, ao Pe. Martins, meu parente, pelo presente maior desta noite. Ele veio de longas distâncias (Tocantínia-TO) para nos prestigiar com a SANTA MISSA, rogando a DEUS graças Celestiais para as aniversariantes e todos presentes e ausentes neste evento.
Pe. Martins, com a vossa permissão, desejo, neste encontro, fazer a leitura do salmo 33 de minha Bíblia, pois entendo que ele tem a ver com todos os momentos de nossas vidas e, principalmente, numa comemoração como esta.
Bendirei continuamente ao Senhor, seu louvor:
¹ Cantem de alegria ao Senhor, vocês que são justos; aos que são retos fica bem louvá-lo.
² Louvem o Senhor com harpa; ofereçam-lhe música com lira de dez cordas.
³ Cantem-lhe uma nova canção; toquem com habilidade ao aclamá-lo.
⁴ Pois a palavra do Senhor é verdadeira; ele é fiel em tudo o que faz.
⁵ Ele ama a justiça e a retidão; a terra está cheia da bondade do Senhor.
⁶ Mediante a palavra do Senhor foram feitos os céus, e os corpos celestes, pelo sopro de sua boca.
⁷ Ele ajunta as águas do mar num só lugar; das profundezas faz reservatórios.
⁸ Toda a terra tema o Senhor; tremam diante dele todos os habitantes do mundo.
⁹ Pois ele falou, e tudo se fez; ele ordenou, e tudo surgiu.
¹⁰ O Senhor desfaz os planos das nações e frustra os propósitos dos povos.
¹¹ Mas os planos do Senhor permanecem para sempre, os propósitos do seu coração, por todas as gerações.
¹² Como é feliz a nação que tem o Senhor como Deus, o povo que ele escolheu para lhe pertencer!

¹³ *Dos céus olha o Senhor e vê toda a humanidade;*
¹⁴ *do seu trono ele observa todos os habitantes da terra;*
¹⁵ *ele, que forma o coração de todos, que conhece tudo o que fazem.*
¹⁶ *Nenhum rei se salva pelo tamanho do seu exército; nenhum guerreiro escapa por sua grande força.*
¹⁷ *O cavalo é vã esperança de vitória; apesar da sua grande força, é incapaz de salvar.*
¹⁸ *Mas o Senhor protege aqueles que o temem, e os que firmam a esperança no seu amor,*
¹⁹ *para livrá-los da morte e garantir-lhes vida, mesmo em tempos de fome.*
²⁰ *Nossa esperança está no Senhor; ele é o nosso auxílio e a nossa proteção.*
²¹ *Nele se alegra o nosso coração, pois confiamos no seu santo nome.*
²² *Esteja sobre nós o teu amor, Senhor, como está em ti a nossa esperança.*

E após este salmo, encerro minhas palavras com a seguinte mensagem que me acompanha e que concordo com o conteúdo existente nela.

O Missionário é, sem dúvida, maior que Reis, maior que Imperadores, maior que Governador, porque ele representa o Cristo, razão maior de nossa existência. Ele é nosso intermediário entre o homem e DEUS.

Muito obrigado a todos.
Tenho Dito.

SOLENIDADE DE HOMENAGEM, SINDICATO DOS SERVIDORES DO TRIBUNAL DE CONTAS DO ESTADO DO TOCANTINS PALMAS-TO, 2014.

Homenagem a todos aqueles que contribuíram de forma relevante para o SINSTEC – Sindicato dos Servidores do Tribunal de Contas do Tocantins.
LOCAL: Sede Campestre da ASTEC – Associação dos Servidores do Tribunal de Contas do Estado do Tocantins (Palmas-TO).

SAUDAÇÕES:
Senhores e Senhoras:

Antes de iniciarmos, louvamos a DEUS por esta oportunidade ainda em vida de podermos participar desta grandiosa festa do Sindicato dos Servidores do Tribunal de Contas no nosso estado. Muito obrigado por tudo e meu agradecimento ao Líder maior do Universo, nosso Senhor JESUS CRISTO.

Cumpre, durante este pronunciamento, desejarmos fazer uma retrospectiva contando resumidamente um pouco da história deste Sindicato.

Em 24 de novembro de 1997, portanto, há exatamente 17 anos, organizamos, presidimos e fundamos este Sindicato, elegendo, portanto, a Diretoria Provisória, na qual fiquei com o Cargo de Diretor Administrativo, tendo na Presidência a Sra. Meirisônia Valadares, com o objetivo de conduzir os anseios dos associados e registrar o referido Sindicato. Todavia, por motivos escondidos, dos quais fogem ao nosso alcance e conhecimento, não temos certezas que comprovem, mas chegamos a imaginar que houve negociatas na calada da noite em desfavor das oportunidades dos associados, e benefícios para parte dos Dirigentes. Deduz-se que houve atitudes de peleguismos. Passaram-se 7 anos e nenhuma providência foi tomada. O Sindicato foi apenas fundado mas não registrado.

Não tivemos outra alternativa, a não ser, com o respaldo dos associados, montar uma Comissão Interventora composta por Arnoldo Barros – Presidente, Dete Nunes – Membro e Bete – Membro, e assim agimos. Destituímos imediatamente e por completo toda Diretoria Provisória, inclusive eu do meu cargo de Diretor Administrativo, e entregamos, com a missão de realizar o registro, à Sra. Elizabete (Bete), que, com muita dedicação, qualidade e desmedidos esforços, legalizou e realizou o referido registro. Muito obrigado, Bete, por esta desafiadora, indesejável por alguns e complicada missão.

Lembro-me da sábia colocação do Companheiro Batista, que profetizou que, se não houvesse sólida base estrutural, patrimonial e financeira, ele seria um natimorto. Realmente Batista, ele se transformou em um natimorto, mas não só o sindicato, como a Diretoria Provisória. Esta, sim, foi uma natimorta e responsável maior por esta deplorável situação, da qual fomos infelizes na escolha. Ela contribuiu para sua morte, sendo quase sepultado. É lamentável, todavia, comprovadamente, foi o que aconteceu. E DEUS, em sua infinita sabedoria, bondade e misericórdia, já está promovendo as decisões mais oportunas, sábias, justas, convenientes e merecedoras para este fato. O nosso sindicato ressuscitou, com o Companheiro Renato Batista, primeiro Presidente e grande Militante, após a legalização dele, e com nossas lutas, conquistamos, por intermédio do Dr. André Bucar de Tocantínia-Tocantins, meu conterrâneo e Assessor do Ministro do Trabalho, a tão almejada e sonhada "Carta Sindical". Luta esta não só do Arnoldo Barros, tendo mandato de Presidente do Conselho Deliberativo da ASTEC do companheiro Renato Batista, Presidente do Sindicato, como também do Presidente da ASTEC na época – Paulim Guimarães, onde em Brasília- Distrito Federal, nós, associados, fomos contemplados com este grande, difícil, raro e privilegiado benefício. O Sindicato passou a existir de fato e direito para todas as finalidades, objetivos e representações dentro dos campos jurídico, financeiro, contábil, administrativo e todas as áreas da atuação e, ainda, no que diz respeito às aspirações legítimas de seus associados. Grande conquista. Meus parabéns a todos nós.

Recebemos a notícia de que seríamos homenageados nesta maravilhosa comemoração. Entendemos que o ser humano faz jus a determinadas homenagens porque realmente mereceu, buscou, conquistou e teve o direito para que isso viesse acontecer, não por critérios políticos, de simpatias, proteção, ou mesmo de demagogia. Se isto está acontecendo, é porque o homenageado prestou serviços com muito senso de justiça e de alta relevância para a entidade propulsora.

Nos meus mais ambiciosos sonhos, nas minhas mais fantasiosas aspirações, jamais pensei em um dia merecer altíssima homenagem, de grande valor benemérito que agora estamos recebendo. Esta homenagem é para nós, mais valiosa que o mais alto e destacado cargo na esfera do primeiro Escalão de Governo seja Federal, Estadual ou Municipal, e ainda mais preciosa que grandes riquezas terrenas, pois, se recebemos, é porque lutamos e conquistamos com nossas ações as melhores oportunidades para os menos privilegiados e desfavorecidos deste mundo de concorrências desleais, do capitalismo selvagem, onde o valor do ser humano é tido pelo seu patrimônio. Ele vale o que ele tem; se ele não tem nada, nada ele vale.

Na nossa trajetória política sindical, pautamos nossas decisões com prioridade, sempre voltadas para os menos favorecidos. E por onde passamos, nosso maior alvo de evidência foi, é e sempre será o atendimento dos desejos e das conquistas merecedoras dos associados.

Com o título que ora recebemos, aumenta mais ainda nossa responsabilidade com os destinos de nosso grande Sindicato. Não temos pacotes de soluções, pois não exercemos nenhum cargo eletivo desta entidade, todavia, como fundador e associado, temos o direito e o dever de apresentar sugestões para o engrandecimento, progresso, qualidade, e desempenho das orientações contidas no Estatuto e nas apreciadas nas Assembleias.

Antes de concluirmos, é bom que fique claro: todos os caminhos foram percorridos e com muito sacrifícios, sofrimento e tentativas de minar nosso projeto, pois é sabido que parte dos poderosos, os adversários do povo, jamais conformam que os humildes tenham crescimento cultural, participação na Democracia e na merecida qualidade de vida.

Afirmamos que hoje não somos filhos órfãos e abandonados, pois temos alguém que nos representa em todas as causas, principalmente as trabalhistas, e nos defende nas lesões de nossos interesses. Afirmamos, ainda: ao que estiver ao nosso alcance, jamais mediremos sacrifícios ou esforços, para buscarmos as melhores reivindicações para todos os pertencentes deste valioso Sindicato.

Finalmente ao concluirmos, nossos agradecimentos a todos associados, principalmente, aos que participaram da Fundação, acreditaram neste grandioso projeto, ao Ex-Presidente da FENASTC – Federação das Entidades dos Tribunais de Contas do Brasil, Dr. Gedy Vieira Junior, que se deslocou de Goiânia e esteve presente com todos seus méritos, orientando-nos, organizando e apoiando em todos os sentidos quanto à Fundação desta Entidade, ao companheiro Ranulfo, Ex-Presidente da ASTEC, que nos proporcionou todas as condições de estruturas necessárias à criação deste Sindicato, aos

Presidentes do Sindicato até hoje, Renato Batista, Belinha e Paulim Guimarães, e a todos das chapas eleitas contendo suas Diretorias e Conselhos.

À Elizabete (Bete), por ter realizado o esperado e demorado registro deste Sindicato.

À Maninha, por sugerir e ter sido aprovado a abreviação da sigla de SINSTEC. Parabéns, Maninha, você também merece nossos aplausos.

Ao Dr. André Bucar, meu conterrâneo, filho da minha querida e combatida Tocantínia-Tocantins, por ter nos proporcionado todas as condições necessárias ao grande presente de legalização para este Sindicato, ou seja, a tão sonhada, rara e difícil Carta Sindical. Muito obrigado, Dr. André, por este inquestionável mérito concedido.

Ao Presidente do Tribunal de Contas do nosso Estado, Dr. José Wagner Praxedes, por executar o exercício pleno da Democracia, permitindo que nosso Sindicato participe de sua administração, sendo convidado a apresentar sugestões de melhorias para os anseios dos associados.

Ao saudoso, Dr. Antônio Gonçalves de Carvalho Filho, na certeza de que, lá onde ele estiver, está nos apoiando e intercedendo pelas nossas melhorias e conquistas desejadas. Que DEUS o tenha no Reino Celestial.

À DEUS, por todas as sábias providências de oportunidades com misericórdias, justas, dignas e merecedoras para todos nós.

Agora é para valer, encerramos com a grandiosa, histórica e notável frase:
"TODO HOMEM TEM DIREITO A ORGANIZAR SINDICATOS E NELE INGRESSAR PARA A PROTEÇÃO DE SEUS INTERESSES".
(Declaração Universal dos Direitos Humanos, Art. XXIII, inciso – Verbis)

É isso aí:

"DEUS não é justo por sem bom. Ele é bom por ser justo."

AVANÇA, TOCANTINS!!!

AVANÇA, TOCANTÍNIA!!!

AVANÇA, LAJEADO!!!

DEUS SEJA, LOUVADO!!!

Tenho dito!!! !!! !!!

NASCIMENTO DE CRIANÇA
PALMAS-TO, 2014

Senhores e Senhoras:

Nós, os servidores da sexta diretoria de controle externo, do Tribunal de Contas do Estado do Tocantins, sentimo-nos felizes, satisfeitos e honrados com mais esta vida que desponta do seio familiar do colega de trabalho, Wemerson Rodrigues Figueira, e de sua esposa, Ana Paula, a esperada, sublime e querida filha deste casal.

Com certeza, é o maior presente de Natal que DEUS está a lhes proporcionar. Parabenizamos e congratulamos com esta grande graça celestial. E diante disto, não poderíamos deixar passar em branco sem que viéssemos registrar este momento de alegria, com uma pequena grande lembrança de coração e alma, ou seja, desejando um melhor conforto na acomodação de transporte dela. Foi com muita satisfação que adquirimos esta modéstia cadeira de uso exclusivo para ela, nas suas locomoções.

Parabéns, Wemerson, e que DEUS continue a iluminar sempre todos seus caminhos, da sua família e, em especial, da sua grandiosa filha e ainda de todos que lhes são caros.

SÃO ESSES NOSSOS CONSIDERADOS VOTOS!!!

CARTA ABERTA, DA ASSOCIAÇÃO DA FAMILIA PARENTE PALMAS-TO, 2015

Senhores e Senhoras:

PALAVRA DO PRESIDENTE:
Antes de tudo, meu eterno agradecimento a DEUS, por esta grande oportunidade, em poder expor a todos vocês as minhas palavras sem demagogia, sinceras, sem mentiras e em voz alta, porque quem fala alto fala com a razão, com a alma e com o coração, fala sem medo, porque fala a verdade das minhas ideias com objetivos de trazer-lhes benefícios associativos comunitários e, até mesmo, políticos, conforme o entendimento de cada um.

Quero fazer uma breve apresentação. Sou filho de Agostinho Barros e de Venceslina Mascarenhas (Dona Doda) de Tocantínia- Tocantins, sobrinho de Nelsinho, ex-Prefeito de Tocantínia, nasci em Gilbués- Piauí, fui criado em Tocantínia, desde meus 2 anos de idade, morei em Brasília por 17 anos e hoje tenho negócios há 17 anos em Lajeado, lugar que estou a construir uma residência. Atualmente, sou morador de Palmas, há 23 anos, e há 20 anos casei-me com a filha mais velha de Josué Parente e "Dona" Almeriza Parente, conhecida como Dona Preta), a Assistente Social Janete Parente. Portanto, posso afirmar que também sou da família parente, pois o casal é tido como uma só pessoa e uma mesma família. Me orgulho disso, pois a família parente é tida como pessoas ordeiras, trabalhadoras, honestas, hospitaleiras, humanas, amigas dos bons, simples, e a grande maioria tem vocação rural e vive do duro e suado trabalho para o sustento com dignidade familiar, é acolhedora e amiga de sua própria família e também de outras famílias, é religiosa e temente a DEUS. Parabéns, família parente por todos esses e outros merecidos adjetivos, elogios que vocês tanto merecem.

Comunicamos que, após notarmos as grandes dificuldades de realizar este encontro anual da família, a cada ano em um local diferente de difícil acesso, e conseguido através de pagamentos ou de favor, no dia 21 de setembro de 2014, na residência do Dedé Parente, juntamente com os companheiros, dirigimos a reunião, fundamos a Associação da Família Parente, com um grande objetivo de construir um clube com um grande salão para os associados e elegemos a Diretoria, o Conselho Fiscal e Deliberativo, por um mandato de 3 anos, ficando eleitos e empossados para os Cargos a seguir:

DIRETORIA EXECUTIVA:

1) Presidente: Arnoldo Barros
2) Vice-Presidente: Zélia Bezerra
3) Primeiro Tesoureiro: Domiciana Parente
4) Segundo Tesoureiro: Gilberto Borges
5) Secretário Geral: Wilton Bezerra
6) Secretário Social: Zullene Parente

CONSELHO DELIBERATIVO:

1) Alexon Parente (Presidente)
2) Antonio Alves (Secretário)
3) Vanessa Pereira

CONSELHO FISCAL:

1) Oscar Correia (Secretário)
2) Almere Parente (Presidente)
3) Adely Parente – Dedé

NOSSA ADMINISTRAÇÃO É PARTICIPATIVA E TRANSPARENTE.

CONQUISTAS REALIZADAS:

1. Doação do terreno na sua fazenda no Povoado de Pedreira Município de Lajeado, com área necessária para a construção do clube, feita pelo Sr. Dedé Parente;

2. Doação de todas as despesas iniciais para a legalização, registro etc., feita por Arnoldo Barros;

3. Doação dos serviços de Assessoria Jurídica, por Wilton Bezerra;

4. Doação de 1 lote do Loteamento Serra do Lajeado, Município de Lajeado-TO, doado e comprado por Arnoldo Barros, no valor de R$ 15.000,00 (quinze mil reais – À VISTA);

5. SALDO EM CAIXA de, aproximadamente, R$ 10.000,00 (dez mil reais).

REALIZAÇÕES:

1. Projeto elaborado pelo Arquiteto Dr. Paulo Gomes, e serviço de topografia doado pelo Dr. Núbio Parente, aprovados pela Diretoria e Conselho Deliberativo e Fiscal, sendo arquitetura e serviços topográficos geral do clube da Associação, contendo:

    1.1. salão de eventos, medindo 15 x 25 = 375 m2, tendo capacidade para acomodar 250 pessoas sentadas, constando espaço livre para diversão, a exemplo de dançar, apresentar teatro etc., e acrescentando mais 250 em espaço de ampliação com piso feito e anexado, sendo para o total de 500 ou mais pessoas, onde poderá instalar tendas e outras coberturas, conforme a necessidade e a quantidade a fazerem parte da festividade;

    1.2. uma piscina para adulto;

    1.3. uma piscina para criança;

    1.4. uma sauna;

    1.5. previsão para 33 quartos independentes, estilo pousada;

    1.6. parque infantil;

    1.7. quadra esportiva;

    1.8. estacionamento para atender às necessidades;

    1.9. serviço de bar, podendo ser utilizado como escritório;

    1.10. chalé para realizar churrascos;

    1.11. realizar confecção de piso ao redor do salão de eventos, para ampliação da cobertura definitiva ou provisória, caso seja necessário;

    1.12. Capela Ecumênica, para ser utilizada por todas as religiões que seguem ao Nosso Senhor JESUS CRISTO;

    1.13. mostrar e explicar o BANNER.

CONVÊNIOS INICIAIS NA ÁREA DE SAÚDE E MATERIAL DE CONSTRUÇÃO, CONSEGUIDOS COM DESCONTOS MUITO ATRAENTES:

1. Drogaria GENÉRICA – Início da Avenida JK, FONE: (63) 2111-6016 – PALMAS-TO;

2. Drogaria UNICOM – Início da Avenida JK, FONE: (63) 2111-3000 – PALMAS-TO;

3. Farmácia BIOVIDA – Quadra Comercial 1106 Sul (antiga quadra 112) Avenida LO 27 Lotes 17 e 18, FONES: 0800 646 2220 e (63) 3217-2218 – PALMAS-TO;

4. Farmácia BIOVIDA – Avenida Tocantins Quadra 09 lote 27, FONES: 0800 646 2220 e (63) 3217-2218 – TAQUARALTO-TO;

5. MERCADÃO DA CONSTRUÇÃO – Quadra Comercial 1106 (antiga quadra 112) Avenida LO 27 lote 31, FONES: (63) 3217-1766 e (63) 3217-7100 - PALMAS-TO.

Só poderá usar os convênios quem fizer filiação na Associação. Não paga nada e depois vai receber a carteirinha e terá descontos nas compras.

Não aceitaremos mensalidade de ninguém. Isso poderá acontecer no futuro após reunião com os associados, onde você vai votar e aprovar ou não o valor da contribuição. No momento, não paga nada; quem quiser fazer doação espontânea não é obrigatório de qualquer valor para a construção do clube. A conta corrente Bancária da Associação é: 61.168-9 Agência: 1867-8 Av. TEOTONIO 202 Norte CJ 1 Lote 4 – BANCO DO BRASIL.

Pretendemos receber e buscar recursos por meio de convênios com a Prefeitura de Lajeado-TO. Fomos muito bem acolhidos pela Márcia, Prefeita, ela encaminhou nosso ofício para a Bancada Federal em Brasília-DF, a fim de que sejam realizadas emendas parlamentares para liberação de recursos destinados à construção do nosso clube. Agradecemos à Márcia, no entanto, vou procurá-la para a realização de convênios com a própria Prefeitura de Lajeado, realizar limpeza do terreno e convênios financeiros para a construção do salão de eventos. Por intermédio da indicação do Índio, Presidente da Associação dos Agricultores, estamos transformando a Associação em utilidade pública estadual, por intermédio do Deputado Cleiton Cardoso, a fim de que possamos receber emendas parlamentares estadual e realizar convênios com o Governador Marcelo Miranda.

Estamos também transformando a Associação em utilidade pública municipal, por intermédio dos vereadores Branco Parente e Emival Parente.

Muito obrigado, Prefeita Márcia, você sempre foi sensível às causas dos menos favorecidos. Suas ações lhe dão o direito de você ficar na história de Lajeado, sempre defendeu ardentemente a saúde para o homem, o bem-estar com qualidade de vida para todos. Na certeza de que você vai ser lembrada também pelos seus benefícios por esta Associação.

Fundamos esta Associação, não visando a nenhum benefício de qualquer espécie para mim, e, sim, em primeiro lugar, para agradar a DEUS e a todos associados, principalmente aos menos favorecidos. É uma matéria que já vivi muitos anos, em Brasília-DF, Tocantínia-TO e Palmas-TO. Gosto de fazer e colaborar com a sua felicidade. Se existimos, é bom servir, minha maior felicidade é lhe ver feliz.

Aceitamos a Presidência, com mandato de 3 anos, não temos pacotes de soluções, mas temos o entusiasmo, eu diria, a experiência e também o conhecimento, a fim de buscar, nos meios necessários, as alternativas que vêm de encontro satisfatório aos associados.

Outras famílias poderão associar-se a esta Associação desde que haja aprovação pela Diretoria Executiva.

Muito obrigado a todos. E agora é hora de batermos palmas para nós mesmos. Chega de bater palmas para outros, estamos cansados disso, colocando-os no poder e recebendo minguado reconhecimento, botando uma balinha na nossa boca, e havendo pouquíssimos benefícios sem nenhuma participação e gratidão pelo voto. Só somos bem lembrados somente com interesses eleitoreiros apenas nas eleições. Sabemos que existe, mas são raras essas exceções de políticos que se esforçam para nos representar.

ESTÁ NA HORA DE PARAR DE ANDAR NA GARUPA E TAMBÉM NA CANGAIA. VAMOS DAR UM BASTA NISSO E MONTAR NA CELA.

Chegou a nossa vez, nós também merecemos. PARA A FRENTE, TODAS AS FAMÍLIAS QUE NOS APOIAM. E PARA A FRENTE, FAMÍLIA PARENTE.

**DEUS SEJA LOUVADO E AGRADECIDO!!!
AVANTE LAJEADO!!!
NOSSO PROJETO É ABENÇOADO.
TENHO DITO!!!**

COMO ACABAR COM A VIOLÊNCIA PALMAS-TO, 2015

Artigo publicado no jornal *Folha Capital Palmas* –TO.

Senhores e Senhoras:

Conceituamos como sendo: o desentendimento entre as partes, sem chegarem a um consenso satisfatório de forma harmônica perante os objetivos a que se propõem.

Entendemos que violência é a ausência das práticas dos princípios da Bíblia, pois onde esses são praticados, ela não tem espaço, nem tampouco prevalece sua escalada infiltração.

Um dos maiores erros dos representantes da população é combater violência com violência. Não se chega nunca a reinar a paz, em face de cada parte envolvida lutar sempre por adquirir e ampliar cada vez mais o espaço pretendido.

Violência se combate, fazendo com que o ser humano venha participar das raras oportunidades que o Estado venha oferecer.

Temos que agir nas causas, e não nas consequências. Sabemos, sem nenhuma contestação, que a maior causa é a falta de trabalhos com salários dignos, pois o homem desempregado é capaz de realizar como lei de sobrevivência de atos de violência. Nos grandes centros, onde mora a burguesia, não existe violência. É comprovadamente e somente nos locais dos desprotegidos, ou seja, dos favelados.

Sem emprego, o vitimado fica sem saúde, sem educação, sem teto, sem alimento, sem vestuário, sem equilíbrio mental e um montão de sem. Como consequência, ele, no desespero, não tem outro caminho, como refúgio ao que não é certo, parte para criminalidade, a fim de amenizar com o sofrimento seu e de seus familiares.

Não é armando os policiais que resolve os problemas das favelas do Rio de Janeiro e de outros estados, e, sim, oferecendo "dignidade humana" com orientações Cristãs para todos. Ao invés de comprarem armas afrontosas para o policiamento, sem dúvida, seria construir moradias dignas, utilizar de estratégias visando a implantar meios desnecessários de apoio, tendo como objetivo o emprego e a renda. O dinheiro do povo seria mais bem utilizado e, com certeza, acabaria de vez com a violência existente em nosso Brasil.

É isso aí, no Brasil, tudo se pode, existem leis sobrando para amparar a malversação do dinheiro público e, com isso, provocar a violência, e ainda para proteger ricos avarentos tendo privilégios diferenciados. Todavia, ficam apodrecendo e presos sem perspectivas de liberdade e recuperação, caindo no esquecimento e vegetando nos desumanos porões carcerários os pobres, oprimidos, desempregados, também filhos de DEUS, carregando sua pesada cruz e vivendo às margens das castradas oportunidades que esta sociedade selvagem tenta retirar dos humildes os direitos de igualdade perante as leis sinceras, sendo prejudicados pelas insensatas normas, dos hereges, hipócritas, incessíveis, gananciosos, irracionais e falhos humanos.

Muda, Brasil. Está passando da hora da PAZ e é hora de usar de artifícios e meios necessários para acabar de vez com as sangrentas violências.

Como recomendação, ao invés de comprarem armas de grosso calibre, a exemplo metralhadores, fuzis etc., melhor será oferecer condições materiais dignas aos prejudicados, com oportunidades e prosperidade em todos os sentidos para enfrentarem as dificuldades, os obstáculos e desafios da vida. E, sem nenhuma dúvida, fornecer Bíblias Sagradas, distribuir levando as mensagens de DEUS para as partes envolvidas. Eis aí a incontestável solução: onde DEUS opera, não existe violência, e, sim, reina eternamente a paz entre os homens.

AVANÇA, BRASIL!!!
AVANÇA, TOCANTINS!!!
AVANÇA, LAJEADO!!!
DEUS SEJA LOUVADO!!!

PRONUCIAMENTO POLÍTICO, POVOADO PEDREIRA MUNICÍPIO DE LAJEADO-TO, 2015

Senhores e Senhoras:

ESCLARECIMENTOS:

Meu candidato a Prefeito de Lajeado, tem que ter as seguintes qualificações:

1. honesto;
2. curraleiro e da região;
3. competência;
4. experiência;
5. conhecimento;
6. amigo dos menos favorecidos;
7. que sua administração seja transparente, participativa e que ele, acima de tudo, seja um seguidor de DEUS.

Não voto em candidato que:

1. venha praticar corrupção;
2. seja forasteiro e está em Lajeado apenas para fazer política e levar recursos para suas origens;
3. não seja temente a DEUS;

MEU CANDIDATO A PREFEITO TERÁ QUE SE COMPROMETER EM DOCUMENTAR PUBLICAMENTE QUE:

1. a primeira medida será instalar uma SUBPREFEITURA no povoado de Pedreira, e o Subprefeito será escolhido pelas lideranças locais, com autonomia e recursos financeiros;

2. repetindo, tenha uma administração onde todos ficam sabendo a despesa e a receita da Prefeitura, o dinheiro em caixa a ser aplicado (o povo é o dono do dinheiro público);

3. venha a criar uma Secretaria Comunitária, onde os projetos do povo sejam realizados (caso ele não saiba o que é isso, eu explico com maior prazer);

   3.1 construa uma casa em LAJEADO para hospedar os que moram no sertão (área rural).

É isso aí, temos que ter candidato próprio. Nós também temos competência. Chega de bater palmas para forasteiros, chegou a nossa vez.
VAMOS BATER PALMAS PARA NÓS MESMOS, ELEGENDO O PREFEITO DE LAJEADO!!!
DEUS seja louvado!!!
Tenho dito.

PRONUNCIAMENTO POLÍTICO, MUNICÍPIO DE LAJEADO-TO, 2015

Local: Residência do Josué Parente.
Fazenda Cabeceira da Mirindiba, Munícipio de Lajeado –TO, 2015

Senhores e Senhoras:

PAUTA: Sucessão do Prefeito de Lajeado-Tocantins.

ASSUNTOS:

1. Agradecer a DEUS
2. História da minha doença
3. Não sou candidato a Prefeito de Lajeado, mas quero votar em um candidato que seja da família Parente;
4. Está na hora de parar de bater palmas para prefeitos que nada fazem e são, até mesmo, corruptos, ou seja, carregam o dinheiro do povo;
5. Cuidado com os forasteiros, cuidado com os oportunistas, cuidado com os corruptos.

O meu candidato a Prefeito de Lajeado terá que cumprir, registrado no cartório, os seguintes projetos:

1. Criar uma SUBPREFEITURA no povoado de Pedreira e com recursos financeiros;
2. Construir uma residência em Lajeado, para hospedar aqueles que moram na área rural;
3. Colocar energia, água e asfalto nos loteamentos de Lajeado;
4. Implantar o 14º salário para todos os servidores no dia/mês do aniversário e que o menor salário seja de 3 salários mínimos;

5. Asfaltar todas as estradas do município;

6. Criar uma Secretaria para assuntos comunitários;

7. Que todos os projetos sejam apreciados e sugeridos pela população;

8. Construir o Clube da Associação da Família Parente.

O candidato terá que ter as seguintes qualidades:

1º) temente a DEUS;

2º) transparente com o dinheiro povo;

3º) curraleiro, honesto, trabalhador, preparado, experiente, humano e competente.

Todos esses projetos que apresentei e outros mais têm dinheiro sobrando para isso. Se não fazem, é porque não querem, e a população continua sofrendo e votando em aproveitadores que não aplicam nas necessidades do povo o dinheiro público.
Está na hora de dar uma basta em tudo isso.

PARA A FRENTE, FAMÍLIA PARENTE!!!
AVANÇA, LAJEADO!!!
ARNOLDO BARROS!!!
DEUS SEJA LOUVADO!!!

APOSENTADORIA NO TRIBUNAL DE CONTAS DO ESTADO DO TOCANTINS PALMAS-TO, 2015

Senhores e Senhoras:

Cumprimento todo este público em nome do nosso Diretor Wemerson Rodrigues Figueira, Diretor esse que sempre soube conduzir com muita eficácia todo este grupo de trabalho, a fim de que as metas e os objetivos fossem alcançados com qualidade e satisfatória motivação.

Dizem que administrador é administrar a dor. Na certeza de que o Wemerson tem administrado com muita inteligência e sabedoria esta dor. Parabéns, Wemerson, estamos satisfeitos com sua administração e com a sensação do dever cumprido. Procuramos acertar o máximo possível, erramos porque somos seres humanos e temos nossas falhas e constatadas limitações. A perfeição pertence a DEUS, e só a ele deveremos louvar e agradecer por estes anos de convívio e esta grande oportunidade de, neste momento, estar manifestando de coração e alma nossas incontestáveis satisfação e reconhecimento por este evento de tamanha expressão.

Parece-nos que foi ontem que transpusemos os umbrais do Tribunal de Contas do Tocantins, 25 anos se passaram e ainda me lembro com memória viva do tempo de pioneiro, do primeiro alojamento conhecido como Belenzim. Naquela época, eu, para fugir das angústias, me refugiava nos aperitivos. Realmente consumi quantidades além dos limites de bebidas que contêm álcool. Cada um sabe o que faz (quem achar que deve beber, que beba, não estou aqui para julgar ninguém), só que eu, hoje, após conclusões, tomei a decisão de nunca mais beber e me libertei de tudo isso. Deixei por completo a bebida, há mais de 21 anos. Novamente, louvo a DEUS por isso.

Durante esses 25 anos, fiz várias amizades com as quais não tenho como esquecer e mencionar nomes porque são muitas de grande expressão para o meu cérebro, coração e espírito. Quero agradecer a todos estes amigos, lembrando-me do Saudoso Dr. Antonio Gonçalves De Carvalho Filho.

Considero o Tribunal de Contas como uma Universidade, onde tive aperfeiçoamento profissional. Hoje posso afirmar com muita modéstia e sem nenhum exibimento que cheguei de Brasília-DF, via Tocantínia-TO, com 24 certificados e consegui no Tribunal 66 (sendo 1 de pós-graduação e 2 a nível de pós-graduação), perfazendo um total de 90. Na área comunitária, associação e sindicato, com os que eu já tinha, completei, no Tribunal, 40 cargos comunitários.

Estou finalizando a escrita de um livro na área de Recursos Humanos, e logo assim que estiver pronto, com a permissão do Conselheiro Presidente Dr. Manoel Pires Dos Santos, farei o lançamento mesmo aposentado, eu diria, no meu Tribunal de Contas.

Pretendo dedicar e implantar meus maiores projetos em Lajeado-Tocantins, local onde tenho residência, negócios e domicílio eleitoral. Lá estarei pronto para colaborar com a felicidade de todos meus semelhantes.

Nossos agradecimentos a DEUS, por tudo o que nos é proporcionado, ao nosso Diretor, aos colegas que ficam e aos que estão aposentando, em especial, ao Conselheiro Presidente Dr. Manoel Pires Dos Santos, pela brilhante, acertada e motivadora iniciativa de não ter medido esforços no sentido de tornar o servidor com motivação se tratando de reconhecimento extraordinário financeiro, para aposentadoria, direcionando uma invejável soma para que possam utilizar da melhor maneira possível, não só para si, como para o benefício de todos seus dependentes familiares. Muito obrigado, Presidente. Medidas dessa natureza vão de encontro aos princípios da excelência em administração.

E agora chegou a hora difícil, onde iremos ausentar-nos desta sadia convivência de todos meus colegas do Tribunal e, em especial, da sexta Diretoria, onde sempre reinou as brincadeiras sadias, a preocupação com o melhor para o colega, a convivência harmoniosa, a solidariedade, o cooperativismo, o espírito de ajuda, a colaboração, o lado humano, enfim a prática dos bons costumes e dos princípios Cristãos. Muito obrigado meus colegas, e que DEUS continue a lhes derramar graças celestiais.

Muito obrigado a todos!!!

Muito obrigado, Tribunal de Contas!!!

"DEUS seja louvado"

DESPEDIDA DE PADRE PALMAS-TO, 2016

**Reverendíssimo Padre Paulo,
Senhores e Senhoras:**

Nós, paroquianos da Comunidade Sagrada Família, tornamos publicamente agradecidos de coração e alma, pelos grandiosos ensinamentos religiosos proferidos pelo dedicado Padre Paulo, através da Santa Missa e de orientações diversas contidas na Bíblia Sagrada.

Com certeza, iremos sentir a sua falta, todavia nos conforta porque é mais uma missão que DEUS está lhe encaminhar para iluminar a todos aqueles que lhe esperam e necessitam de suas divinas orientações.

É mais um chamado de DEUS, portanto, apesar da saudade e da ausência material, por ser um projeto divino, tem a nossa compreensão e aprovação.

Parabéns pela vida sacerdotal, entendemos que o Sacerdote é maior que Presidente, maior que Rei, maior que Imperador, maior que Governador, pois ele representa o CRISTO, nosso mediador entre o homem e DEUS. É um grande privilégio para o Senhor, realmente é uma missão constituída para os escolhidos.

Padre Paulo, que DEUS continue a lhe proporcionar graças Celestiais e muita sabedoria, para que o Senhor venha conduzir com muita qualidade e eficácia os seus projetos encaminhados por DEUS.

Entregamos em vossas mãos esta pequena lembrança, como prova do nosso amor por tudo que o Senhor nos proporcionou.

MUITO OBRIGADOR, Padre Paulo!!!
FICA AQUI REGISTRADO O NOSSO ADEUS E ATÉ OUTRO DIA!!!

AGRADECIMENTO A PAROQUIA SAGRADA FAMILIA

PALMAS-TO, 2016

Paroquianos da Sagrada Família.

Senhores e Senhoras:

É com muita satisfação que me dirijo a todos vocês para relatar e, acima de tudo, agradecer a grandiosa festa, ou seja, a noitada da massa no colégio Darcy Ribeiro em prol da construção da nossa almejada Igreja.

Para nós, o resultado foi satisfatório, pois alcançamos representativa soma de lucro líquido, o qual será totalmente aplicado na construção da nossa obra sagrada, ou seja, a casa de DEUS, na qual seremos acolhidos e a qual iremos frequentar realizando boas ações por nossa vida inteira.

Estou feliz com esta grande conquista, mas ficando bem claro que a primeira e maior felicidade é de nosso DEUS, por saber que, neste mundo bastante conturbado, surge mais uma obra DIVINA, onde, com certeza, serão divulgados todos os ensinamentos de sua palavra contidos na Bíblia Sagrada. Não escondemos a satisfação, dos Padres, Diáconos, Seminaristas e todos Consagrados à obra de DEUS, e ainda a comunidade em geral, ou seja, todos vocês com esta motivadora, esperada e grandiosa obra, aprovada pelo reino Celestial.

Tivemos sucesso nesta noitada da massa. Isso nos motiva a continuar a realizar outros eventos com o objetivo já sabido por todos, ou seja, conseguir recursos para serem aplicados na nossa construção de nossa igreja. E diante disso, eu agradeço a todos pela grande participação e, por outro lado, conclamo para que haja cada vez mais um envolvimento sempre maior, nas festas e doações espontâneas, a fim de que possamos não permitir que nosso projeto venha sofrer solução de continuidade.

NOSSA IGREJA SERÁ CONSTRUÍDA!!!
MUITO OBRIGADO A TODOS!!!
E
DEUS SEJA LOUVADO!!!

A CORRUPÇÃO NO BRASIL
PALMAS-TO, 2016

Senhores e Senhoras:

A corrupção no Brasil é integrada na cultura nacional, ganhando, até mesmo, do carnaval e do futebol.

É assustador a quantidade de profissionais que vive a fazer o mau uso do dinheiro público, é comprovado a existência de vários brasileiros que exercem cargos simples, todavia se encontram em vários países realizando turismo e, na certeza, com resultados da prática de corrupção, o que é pior. Apesar de tudo isso, continuam impunemente, conduzindo suas negociatas e improbidades, protegidos pela indisposição dos políticos que se dizem representantes do povo, sem combater as falcatruas e que, nos entendimentos de uma parcela, também lhes trazem benefícios. Por outro lado, é uma coisa enraizada e herança da má descoberta desta Nação, na qual seus primeiros habitantes foram os presos, ou seja, os rejeitados de Portugal.

É prática e moda atual em várias Repartições Públicas utilizar de vários códigos mafiosos e corruptíveis, um deles o CPF, o que significa popularmente "Comissão Permanente por Fora".

Até mesmo o empresário honesto, em certos momentos, é obrigado a dar uma propina, para evitar atos de perseguições, retaliações, represálias e, até mesmo, interdições em seus estabelecimentos.

O Presidente da República, na época, juntamente com a força policial e, principalmente, a Federal, demonstrou trabalhos duramente para combater as irregularidades, ao ponto de os adversários do povo admitirem com naturalidade que ele estava agindo de forma satisfatória, no que diz respeito ao combate aos depiladores do patrimônio do povo, prometendo levar graúdos a serem punidos pelas falcatruas cometidas e contrárias às aspirações do povo.

É lamentável, mas, no Brasil, o dinheiro público entra pelas várias fontes contábeis, eu diria, pelos oceanos, pois temos uma das maiores e pesadas cargas tributárias do mundo, todavia sai malversado, desordenado, desviado, pouco utilizado, propinado e mal aplicado, nas necessidades dos oprimidos desta Nação sofredora. Ele entra pelas fontes e sai desarranjado pelos esgotos.

MUDA, BRASIL!!!

"**DEUS seja louvado**".

ANIVERSÁRIO DA PRIMEIRA IGREJA BATISTA DE LAJEADO-TOCANTINS LAJEADO-TO, 2016

Cumprimento todos os homens, todas Autoridades Eclesiásticas e o público em geral, no nome do Sr. Eluardo Veloso De Avelar, Pastor desta Igreja Batista em Lajeado;

Cumprimento todas as Autoridades Civis, no nome da Marcia, Prefeita de Lajeado Tocantins;

Cumprimento todas as mulheres, na pessoa da Janete Santana Aguiar Mascarenhas, minha esposa;

Cumprimento todas as crianças, falando no nome de Luanna Santana Mascarenhas, minha estimada filha.

Ao iniciarmos nosso pronunciamento, desejamos antes de tudo agradecer a DEUS, por esta oportunidade de participação neste grande acontecimento de aniversário da Primeira Igreja Batista em Lajeado.

Para aqueles que não sabem, tive o grande privilégio de estudar durante 4 anos no Ginásio Batista de Tocantínia, na época Estado de Goiás, formei no Ginásio no ano de 1970. Posso afirmar sem nenhum vacilo que foi lá que aprendi os principais ensinamentos da nossa Bíblia Sagrada, me prepararam para ser cidadão com responsabilidade, disciplina, idoneidade, civismo, patriotismo, honestidade, dedicação, humanismo, sensibilidade perante os que vivem às margens das oportunidades e acima de tudo com amor a DEUS e ao próximo em todos sentidos

Muito obrigado, Ginásio Batista. Se hoje sou o que sou é porque você me preparou.

Naquela época, fato curioso me aconteceu e que até hoje não consigo esquecer. Recebemos diretamente do Rio de Janeiro a ilustre visita do secretário de Junta De Missões Nacional da Convenção Batista Brasileira, Pr. Samuel Mites, e fomos escolhidos para o grande desafio de ser o orador da recepção da festa, buscamos ser feliz nas nossas colocações e após nosso discurso, para nossa surpresa, o Pastor profetizou que eu seria um grande Deputado. DEUS fala conosco de várias maneiras e, principalmente, pelos seus Missionários. Essa profecia ainda não ocorreu no cenário político, no entanto, afirmo ao Pastor Samuel Mites, na política comunitária, sentimo-nos realizados com este título, pois sem nenhum exibimento e, sim, compartilhamento. Já exercemos 40 cargos associativos comunitários neste Brasil e sem nenhuma remuneração financeira, vários por meio do voto e sempre trabalhando em defesa das obras de DEUS e dos menos privilegiados. Portanto, Pastor, sua profecia foi atendida na plenitude por DEUS muito além do desejado.

Muito obrigado a nosso DEUS, por nos conceder tantas oportunidades e nos proporcionar sabedoria Divina na condução de nossos semelhantes.

Voltando a falar no Ginásio Batista de Tocantínia, hoje Colégio Batista de Tocantínia, não podemos esquecer todos os Mestres que por lá passaram e representados por "Dona" Beatriz Silva, "Dona" Margarida Lemos Gonçalves (*in memoriam*) e a moradora de Lajeado, Professora Madalena Campelo.

Sempre tive como missão na minha vida que, se existimos, é bom ser útil, se podemos, é sempre bom colaborar com a felicidade do próximo, ajudar a todos e, principalmente, os que vivem as margens das oportunidades, priorizar os projetos das obras de DEUS. E baseado nisso que certo dia me levantei de madrugada e após nossas orações senti o desejo muito forte de realizar a doação deste lote de 799 m2, no Loteamento Serra do Lajeado neste Município, para a Primeira Igreja Batista, em Lajeado. Ao amanhecer o dia, ainda tomado pela grande emoção, senti uma presença sobrenatural e lembrança muito forte e bem próxima de mim, minha mãe, Venceslina Mascarenhas, conhecida como "Dona" Doda (*in memoriam*), de "Dona" Beatriz e "Dona" Margarida. Entrei em oração e fui tomado por prantos de choros. Tive a revelação pelo Espírito Santo que essa visita espiritual foi exclusivamente em agradecimento pela doação do lote para os projetos de DEUS. Realizei reflexão em agradecimento pelo ocorrido e tive uma paz de muita profundidade.

As obras de DEUS não podem parar, e desejo sem nenhuma demagogia dar minha nova contribuição para a realização do projeto a ser executado. Conte com nossas colaborações.

No Brasil e no mundo, as Missões Batistas são comprovadamente de muita credibilidade perante DEUS e os homens. Seus principais objetivos são trabalhar a serviço das obras de DEUS, pregando a salvação ao ser humano e também prepará-lo para viver aqui na terra com sabedoria terrena e advinda do Espírito Santo.

Meus parabéns por tudo e pelo aniversário da Igreja Batista em Lajeado, ao Pastor Eluardo Veloso De Avelar e a toda sua equipe, chamados por DEUS a Evangelizar esta população rumo ao caminho do céu. Parabéns a todos, DEUS é com vocês e com todos que recebem seus ensinamentos.

Ao concluímos sem nenhum medo de errar, o Evangelizador é maior que Presidente, é maior que Governador, é maior que Rei, é maior que Imperador, pois ele representa o CRISTO aqui na terra, nosso mediador entre DEUS e os homens.

AVANTE, EVANGELIZADOR!

AVANTE, LAJEADO!!

Arnoldo Barros

DEUS seja louvado!!!

LANÇAMENTO DO MEU PRIMEIRO LIVRO (ADMINISTRAÇÃO DE RECURSOS HUMANOS) LAJEADO-TO, 2016

Senhores e Senhoras:

Fiz meu discurso escrito porque escritor prefere escrever.

Eu saúdo o ESPÍRITO SANTO DE DEUS, o maior escritor universal do mundo.

Enquanto o escravo José Duegito levou 13 anos, após revelação de DEUS, para ser Governador, eu também levei 13 anos para escrever este livro e a minha mulher brigando porque eu acordava de madrugada para trabalhar neste projeto.

Realmente não é um livro qualquer, tem conteúdo, eficácia e qualidade, serve para todas profissões e ramos de atividades e ainda aos setores de trabalho público e/ou privado. As duas revisoras classificaram como crítico, excelente e extraordinário. Isso foi escrito baseado nos princípios da Bíblia. Peço que façam a leitura dele, coloquem em prática seus ensinamentos e nos façam os comentários que acharem necessários.

"DEUS não é justo por ser bom, ele é bom por ser justo".

Cumprimento e agradeço de coração e alma a todos presentes, se aqui estão e vindo de longe é porque acreditaram no nosso projeto e confiaram em nossos esforços na realização deste árduo trabalho. Muito obrigado a todos, e só DEUS poderá recompensar por este sacrifício.

Cumprimento todo este público, iniciando pelas autoridades Eclesiásticas:

Padre Eduardo, Frei Vanderlei e Diácono Leandro. Pastor Lindomar, Pastora Maria e Pastor Eluardo.

Continuo a cumprimentar falando nos nomes a seguir:

- Luanna – Minha filha.

- Lorena – Minha filha.

- Janete – Minha esposa.

- Dr. Pedro Mascarenhas – Meu sobrinho, ele veio de São Luís – Maranhão.

- Dr. Wilson Barreia – De Brasília, meu primo.

- Manoelzinho – De Brasília.
- Dorizon.
- Cicinha e Perco – De Gilbués.
- Meus irmãos.
- Demais parentes.
- Márcia – Prefeita de Lajeado.
- Vereadores aqui presentes.
- Dr. Tércio – Médico nesta cidade.
- Sr. Jaime – Comerciante

E agora eu cumprimento a maior autoridade desta festa, todo este povo aqui presente. São vocês que acertam ou erram na escolha de seus representantes públicos desde o Vereador, Prefeito ao Presidente da República.

Perguntaram-me por que desta festa em Lajeado. Respondi sem titubear: tenho negócios há 17 anos e constituí residência em Lajeado, terra que escolhi para morar e lutar com dignidade pela melhoria de qualidade de vida desta população. Portanto, afirmo em alta voz que não sou paraquedista, ao contrário, tenho colaborado com o desenvolvimento da cidade das águas, ou seja, da grande Lajeado, bem-vista por todos.

Dedicatórias da obra:

À Santíssima Trindade, a Nossa Senhora Aparecida, Padroeira do nosso País (portadora de mais de 2.200 títulos no mundo, sendo 150 no Brasil), mundialmente conhecida como: "Patrona dos pequenos e oprimidos"; a todos Santos, em nome de São Jorge, Santo Sebastião e Santo Expedito e ainda os Anjos representados pelos Arcanjos Gabriel, Rafael e Miguel.

Aos Discípulos, em nome do Mons. Pedro Pereira Piagem e da Missionária D. Margarida Lemos Gonçalves, pelos exemplos de vida Cristã a serem seguidos e por terem me proporcionado os primeiros e excelentes ensinamentos — não só materiais como principalmente espirituais — sempre ao encontro das orientações de nossa Bíblia; ao Padre Fábio Gleiser, por ter abençoado a semente desta árvore no projeto "Adorai", realizado em 2006, nesta capital, da qual esperamos que seja frutífera e proporcione muitas sombras e ensinamentos satisfatórios para nossos semelhantes.

Aos meus médicos, Dr. Mauro de Almeida, Dr. Emílio Fernandes Vasques Júnior, Dr. José Joel Carneiro e Dr. Janio Nery, por prontamente sempre terem me medicado sem medir esforços, proporcionando uma saúde desejável para os objetivos pretendidos.

À minha esposa, Janete Santana Aguiar Mascarenhas, pela desconfiança quanto à realização deste trabalho; às minhas filhas, Lorena Martins Ribeiro Mascarenhas e Luanna Santana Mascarenhas, pelo o grande amor paterno que sinto por elas; aos meus pais, Agostinho Barros Louzeiro e Venceslina Mascarenhas Barros, pelo maior desejo de ter seus filhos formados, ambos *in memoriam*; aos meus irmãos, em nome de Juarez Maciel da Silva, pela grandeza de seu coração e consideração de amigo; a todos parentes, em nome do Tio Nelson Alves Louzeiro, verdadeiro amigo, intelectual e conselheiro de toda família (*in memoriam*); ao meu padrinho, Dr. Deusdeth Gabriel Mascarenhas, pelo exemplo de grande cidadão deixado aqui neste mundo (*in memoriam*); ao Dr. Antonio Gonçalves de Carvalho Filho, que me proporcionou as principais conquistas de trabalho, contribuindo com isso para que eu viesse a realizar esta modesta obra (*in memoriam*); ao Dr. Ibamar Tavares, pelo alto grau de humanidade sempre em defesa do servidor e por ter me encaminhado para cursos visando ao meu crescimento cultural (*in memoriam*); ao Altamirando Andrade (Velho Miranda), nosso puro e verdadeiro amigo (*in memoriam*); ao meu padrinho de casamento, Dr. José Ribeiro da Conceição, por ter sempre me apoiado em todos os momentos profissionais e, principalmente, nos mais críticos da minha profissão; ao Meirivaldo Alencar Miranda e à Concita Sotero, por terem me apresentado no Tribunal de Contas do Estado do Tocantins, para as oportunidades iniciais e futuras de trabalho; ao Divino Semão Pires, assessor em consultas diversas; ao Dr. Manoel Silvino Gomes Neto, pelas grandes contribuições, solidariedade e sinceridades, em todos momentos de minha vida e, principalmente, quando me encontrava necessitando de tratamento de saúde; ao Dr. Evandro Gomes Ribeiro, pelas suas colaborações e espírito de ajuda ao próximo em todas vezes que precisamos e buscamos esses benefícios; ao colega de trabalho, Dr. Humberto Falcão Júnior, e ao nosso diretor, Wemerson Rodrigues Figueira, pelos grandes apoios, orientações técnicas e/ou didáticas e incentivos motivacionais que nos foram direcionados quanto à realização deste trabalho; ao Prof. Durval Júnior, por ter sugerido conosco o tema deste trabalho; e pelas orientações quanto ao desenvolvimento dele, e à Revisora Marilda Piccolo, que realizou conferência parcial num percentual admirável; Ronaldo Cordeiro, pelo excelente projeto de design e composição do livro, e Danuta Ramos Duarte, pela revisão-final. Aos poucos amigos e conhecidos que souberam por antecipação deste projeto e me apoiaram, sendo aqui representados por Fernando Zucuni Martini, meu afilhado de casamento e vizinho, o qual constantemente me assessorou no serviço de informática.

E a você, que realizará a leitura e colocará em prática estas modestas orientações. Para deixar esclarecido: sempre fui e sempre serei democrático, e o verdadeiro democrata é aquele que suporta opiniões contrárias às suas, se esforça o máximo possível para aproveitar as deliberações ocorridas nos campos das ideias. Estive, estou e continuarei com o coração e a alma abertos e receptivos para toda e qualquer sugestão construtiva, se assim o julgarem necessária, oportuna, conveniente e convincente.

ANIVERSÁRIO DE PADRE PALMAS-TO, 2017

Reverendíssimo Padre Hilário,
Senhores e Senhoras:

Nós, paroquianos da Comunidade Sagrada Família, tornamos publicamente felizes e agradecidos de coração e alma, pelos grandiosos ensinamentos religiosos proferidos pelo dedicado Padre Hilário, através da Santa Missa e de orientações diversas contidas na Bíblia Sagrada.

É com muita satisfação e alegria que hoje estamos aqui reunidos para agradecer a DEUS por este grandioso momento, onde congratulamos nesta grande oportunidade de poder comemorar o dia do sacerdote e acompanhado do aniversário do Reverendo Pe. Hilário.

Parabéns pelo aniversário e pela vida sacerdotal. Entendemos que o Sacerdote é maior que Presidente, maior que Rei, maior que Imperador, maior que Governador, pois ele representa o CRISTO, nosso mediador entre o homem e DEUS. É um grande privilégio para o Senhor, Pe. Hilário, realmente é uma missão constituída para os escolhidos por DEUS.

Padre Hilário, que DEUS continue a lhe proporcionar graças Celestiais e muita sabedoria, para que o Senhor venha sempre a conduzir com muita qualidade e eficácia os seus projetos designados por DEUS.

Entregamos em vossas mãos esta pequena lembrança, como prova de nosso amor por tudo que o Senhor nos proporcionou.

PARABÉNS, MUITOS ANOS DE VIDA!!!
FELICIDADES
E
Deus é contigo!!!

VELORIO DO MEU IRMÃO, HAROLDO MASCARENHAS BARROS TOCANTÍNIA-TO, 2017

Senhores e Senhoras.

Sou Arnoldo Mascarenhas Barros, irmão mais velho do Netim, filho de Agostinho Barros Louzeiro e de Venceslina Mascarenhas Barros, moro em Palmas-Tocantins e fui surpreendido com a notícia de que meu irmão que eu tanto estimo havia falecido.

Conforta em saber que os justos não morrem, eles mudam da vida Material para a Espiritual.

Somos todos pecadores, e o Netim é verdade que cometeu seus pecados, pois ele é humano, mas DEUS misericordioso há de perdoá-lo pelas falhas cometidas.

Peço perdão pelas vezes que lhe magoei, não foi da nossa vontade, e, sim, porque somos vítimas expostas às tentações malignas.

A Bíblia, em suas maravilhosas mensagens, uma delas nos alegra em saber que "felizes os humildes e mansos de coração, porque deles é o Reino do Céu",

Você é humilde e manso de coração, não conheço nenhuma pessoa que você viesse a ofender e sempre viveu com humildade neste mundo de conturbações onde os poderosos, na maioria das vezes, humilham os humildes.

Estamos certos, meu irmão, que sentiremos a sua falta, todavia você continua a viver entre nós pelas boas ações que você praticou. Eu mesmo sou um grande beneficiado em várias decisões e articulações generosas que partiu de você. Muito obrigado por tudo de bom que você me proporcionou.

DEUS pai, entrego este teu filho para a nova morada no teu ceio Celestial.

Adeus meu irmão, muito obrigado por tudo e nos veremos na ETERNIDADE.

VISITA DE 7º DIA DE FALECIMENTO DO MEU IRMÃO AGOSTINHO BARROS LOUZEIRO FILHO. TOCANTÍNIA-TO, 2018

REVERENDÍSSIMO Padre Martins
Senhores e Senhoras:

Disse-lhe Jesus "Eu sou a ressurreição e a vida; aquele que crê em mim, ainda que esteja morto, viverá" (Livro de João, Capítulo 11, versículo 25 – Bíblia Sagrada).

Partiu para a Eternidade meu irmão Agostinho, contendo uma diferença de aproximadamente 11 meses em que o nosso outro irmão Netinho nos deixou do seu convívio.

Pelos desígnios de DEUS, conformamos com as decisões celestiais, pois entendemos que os justos não morrem, eles mudam de vida, da material para a Espiritual.

A morte não é o fim, e, sim, o começo de uma nova vida.

Lembro como hoje, estive em visita no Hospital Geral de Palmas, e ele já bastante debilitado, mas, mesmo assim, encontrava preocupado com meu quadro de saúde. Chegou a me informar que havia pedido ao seu médico amigo para cuidar de minha doença. Muito obrigado, meu irmão, por esta preocupação fraterna, isto demonstra muito amor para com o próximo de uma maneira geral. Se você fez isto comigo, tenho certeza de que esta atitude foi realizada com muitos que lhe apresentaram suas necessidades.

Durante nossa vida e convívio de irmão, se me magoou, está perdoado e, se te magoei, peço perdão.

Para nós, o Agostinho não vive materialmente, mas continua bem vivo em nossos corações, pelos bons exemplos que ele deixou a serem seguidos.

Muito obrigado, meus irmãos, e até o nosso encontro na ETERNIDADE. DEUS SEJA LOUVADO!!!

VELORIO DE MINHA IRMÃ GILDETE MASCARENHAS (DETINHA) GILBUÉS-PI, 2019

Reverendo Padre Nonato
Povo de DEUS.

Sou Arnoldo Mascarenhas Barros, irmão mais velho da Detinha, filho de Agostinho Barros Louzeiro e de Venceslina Mascarenhas Barros, conhecida como "Dona" Doda, morador em Palmas-Tocantins. A Detinha foi criada por Luís Gabriel e Luizinha Mascarenhas, irmã da minha mãe, que é mãe biológica da Detinha.

Detinha querida de todos. A maior prova disso é que ela deixou mais de 50 afilhados.

Falar em Detinha é sinônimo de amor, amor a DEUS, amor à NOSSA SENHORA DIVINA PASTORA, amor aos parentes, amor à família, amor ao próximo.

Quando da sua dolorosa doença, DEUS lhe proporcionou oportunidade de ser Evangelizada e também para várias pessoas, pois tinha um grande exército clamando a DEUS pela sua saúde e pronta recuperação, dentre elas o Padre Eduardo Lustosa e eu mesmo fui um deles, que realizei compras de livros religiosos e muitas orações e até mesmo penitências. Sou Romeiro do Pentecostes do Padre Moacir em Brasília-DF e, neste ano, novamente fui ao Pentecostes do Padre participar do encontro e buscar as 3 velas abençoadas para as pessoas acenderem em oração pedindo livramento de um problema ou um milagre de cura. A assim o fiz, acendi as velas e ofereci em oração para a detinha, realizei intercessão solicitando a JESUS CRISTO graças para ela. E a palavra que me veio no coração é que ela estava sob os cuidados de JESUS CRISTO. Contive-me e senti-me feliz com a revelação.

A Detinha foi evangelizada e evangelizou uma grande população de pessoas, pois, inclusive ela, se aproximaram mais de DEUS com suas orações e pedido de curas, graças ou milagres materiais e espirituais para ela.

Ao Manim, vice-prefeito desta cidade, juntamente com sua esposa Neta, nossos agradecimentos por terem gentilmente colocado sua residência para o honroso velório de minha irmã.

Aos filhos de Detinha, meus sobrinhos Lorena e Mateus, pedimos a DEUS confortá-los e, como tio, me coloco à disposição para lhes ser útil no que for necessário.

Recordo de todos meus parentes que partiram para a Eternidade na pessoa do meu padrinho Deusdeth Gabriel Mascarenhas, verdadeiro baluarte da família, homem de muitos méritos realizados aqui na terra. Jamais esqueceremos as nobrezas de suas ações. Minha bênção, meu Padrinho, até hoje sinto a sua grandiosa falta.

Os justos não morrem, eles mudam da vida material para a Espiritual.

Vai com DEUS, minha irmã. A morte não é o fim, e, sim, o começo de uma nova vida.

ADEUS, minha irmã, até a eternidade.

Muito obrigado, grandioso DEUS e todos que me ouvem.

REZA NA MINHA RESIDÊNCIA, PRONUNCIAMENTO PALMAS-TO, 2019

NOTA: Este discurso não foi escrito, ele foi pronunciado de forma verbal, oral e sob a proteção do Espírito Santo de DEUS.
Senhores e Senhoras.

Primeiro, eu quero dizer a vocês, para aqueles que não sabem, Brasília tem uma grande festa de Pentecostes, uma festa em que não comparecem milhares de pessoas, chega ao ponto de comparecer mais de milhão de pessoas em cada evento. Lá nessa festa, essa romaria é coordenada pelo Padre Moacir.

Padre Moacir, realmente meu compadre Adão é um abençoado. Ele tem conseguido levar curas e mais curas, graças e mais graças, milagres e muitos milagres.

Eu fui para Brasília, meu compadre Adão, não foi para passear, eu fui rezar!

Eu fiquei 3 dias lá em Brasília, nos dias 7, 8 e 9 (de junho) e estive presente lá na festa de Pentecostes do Padre Moacir, e realmente é uma graça de Deus, realmente o Padre Moacir já é conhecido no mundo inteiro, não só no Brasil, como em outras partes do universo.

Padre Moacir, por meio dos testemunhos a que eu assisti, eu vi pessoas testemunhando curas milagrosas, pessoas que sofriam de câncer, que tinham caroços em todo corpo e que estavam já à beira da morte, que acenderam as velas milagrosas e foram curadas. Não só essas, mas como outras e outras pessoas receberam a cura. E teve deles que passaram não só a serem curados, mas a pregar a palavra de Deus. Como disse o Padre Moacir, às vezes, a pessoa fica curada, mas não agradece por aquilo. É melhor, às vezes, levar a palavra de Deus a todos os confins do mundo do que somente ser curado. Ele parabeniza o Evangelizador.

Eu estive lá no dia 7 (sexta feira), eu estive lá no dia 8 (sábado) e estive também no domingo, dia 9, que foi o dia de Pentecostes. Na sexta-feira, assisti a toda programação, no sábado, assisti a toda programação, no domingo, no dia de Pentecostes, meu compadre, eu me comovi, no domingo, quando eu vi o Padre falando as mensagens de Deus, não era o Padre que estava falando, mas, sim, o Espírito Santo, era Jesus Cristo que estava levando a mensagem para aquele povo pela intercessão do Padre. E foi nessa hora que o Espírito Santo se aproximou de mim. Graças a Deus, eu chorei, meu compadre, eu chorei porque, quando a gente se encontra com Deus, a gente chora, eu chorei e não tenho vergonha de dizer que chorei. O Espírito Santo se aproximou, e eu fui tomado pelo Espírito Santo e realmente eu chorei, chorei por amor, chorei por agradecimento, chorei por gratidão.

E durante esses dias, Padre Moacir teve uma revelação, de que, se fosse abençoada três velas durante os três dias, a pessoa que acendesse aquela vela e que estivesse à beira da morte, com certeza, ressuscitaria e voltaria a ter saúde. E sobre essas velas, eu vi testemunho de várias pessoas, eu vi testemunho de muitas pessoas dizendo que estavam à beira morte, e que foi acesa essa vela, e a pessoa voltou a viver e com muita saúde. Não foi só uma pessoa não, foi de várias. Dos testemunhos que o Padre Moacir entrevistava, ele nem conhecia as pessoas, são testemunhos puros, são testemunhos verdadeiros.

E aqui ele recomenda que a cada dia a gente leve uma vela, eu não trouxe vela para vocês porque a gente só tem direito a uma vela por dia. Tem a vela da sexta feira, que é a vela do Deus Pai, a vela do sábado é a do Deus Filho, e a vela do domingo é a do Deus Espírito Santo. E ele abençoa essas velas. Essas três velas minhas realmente estão abençoadas. Isso aqui Deus vai dizer o que eu tenho que fazer com elas.

E falando ainda do Padre Moacir, eu adquiri uma placa, está bem clara a placa: "Jesus Mora Aqui". Eu não adquiri uma placa, não, eu adquiri três placas, meu compadre, porque eu tenho três modéstias residências, eu adquiri uma placa para cada residência, porque, em cada residência minha, eu quero que Jesus more comigo, eu quero que ele more em mim. E essa placa tem a história da placa, eu vou fazer a leitura para vocês, para vocês ficarem sabendo realmente do que se fala dessa placa, e não só essa placa, como história de Nossa Senhora da Primavera, essa aqui tem uma história que fala sobre Nossa Senhora da Primavera. Ele teve uma revelação, meu compadre, sobre Nossa Senhora da Primavera, e eu ganhei um quadro desse e mandei reproduzir uma para cada um de vocês. No finalzinho, aqueles que tiverem interesse, podem pegar aqui. Agora, essas que eu reproduzi, vocês tem que mandar benzer, a minha já era benzida pelo Padre Moacir.

Desculpem-me, mas ainda quero um pouquinho do tempo de vocês, porque eu vou ler rapidamente aqui a história da placa e depois de Nossa Senhora.

"Jesus Mora Aqui", revelação da Placa. Na tarde de Louvor em Honra a Nossa Senhora da Primavera, ele está falando (Padre Moacir): "Eu tive uma visão com placa na qual estava escrito Jesus Mora Aqui, e na casa que tivesse essa placa o inimigo não entraria nunca naquela casa", ou seja, satanás não entra naquela casa onde tem placa de "Jesus Mora Aqui", vou pregar minhas placas do maior jeito possível porque eu não quero Satanás dentro de minha casa, o inimigo não entraria nunca. Depois ele falou: "Eu fiquei questionando, e o Senhor me mostrou também em visão e locução que Moisés mandou o povo na noite da libertação colocar sangue de cordeiro naquela porta, porque naquela noite o anjo matador iria matar todos os primogênitos do Egito, mas onde tivesse aquele sangue, ele passaria adiante, e essa placa representa isso, o inimigo passa adiante. Porque aquele cordeiro foi a prefiguração de JESUS CRISTO, o sangue daquele cordeiro era prefiguração do sangue de JESUS CRISTO, e o seu sangue nos cura, nos liberta e nos salva".

Essa é a história da placa. Infelizmente, eu só trouxe três placas. Agora, o quadro de Nossa Senhora, cada um de vocês vai receber um, aqueles que tiverem interesse.

Rapidamente... "Nossa Senhora da Primavera", essa Nossa Senhora foi revelada ao Padre Moacir. Tudo começou no ano de 2010, quando o Padre Moacir acordava com dificuldades e teve uma forte sensação da presença de Deus, e enchia todo quarto em uma voz interior que dizia: "Nossa Senhora com os Anjos, visitará as vossas casas no dia 22 e 23 de setembro e vos libertará de todo mal". Olha só, 22 e 23 de setembro é quando inicia a primavera, não é isso? Quando essa presença se afastava, o Padre Moacir tomava consciência de que algo extraordinário havia acontecido. E na missa daquela quinta-feira, às 8 horas da manhã, narrou essa revelação para toda a assembleia que recebeu a notícia com alegria e entusiasmo. O Padre relatou que estava no mês de dezembro, preparando-se para o Natal, e logo procurou esquecer essa revelação, devido aos numerosos trabalhos da paróquia de São Pedro, a paróquia dele, da comunidade "Renascidos em Pentecoste". Mas o povo que estava na celebração não esqueceu a revelação. TRÊS anos depois, em uma reunião de conselho paroquial, um senhor muito simples lhe disse: "Padre, minha casa espera com muito entusiasmo pela noite do dia 22 a 23 de setembro". O Padre perguntou interessado sobre o que aconteceria naquela noite, e o senhor lhe respondeu: "Foi revelado a certo Padre que, nesta data, Nossa Senhora com os Anjos visitaram as casas e nos libertaria de todo mal". O Padre Moacir Anastácio narra que, naquele momento, teve um choque, aquele Padre era ele, que Nossa Senhora revelara, pois Deus o havia dado essa revelação. Então, tomando posse da promessa do dia 22 de setembro, em 2013, foi realizada a primeira celebração em honra a

Nossa Senhora da Primavera, reunindo quase 10 mil pessoas no Centro de Evangelização Renascidos em Pentecoste. Ao iniciar a missa, o Padre Moacir falou para o povo: "Nossa Senhora da Visitação, nessa noite, entrará hoje em vossas casas para vos libertar e abençoar". Foi quando, dentro dele, começou a gritar uma voz insistente, não é Nossa Senhora da Visitação, mas Nossa Senhora da Primavera, ele escutou a voz gritando o nome. Então, o Padre parou a pregação e perguntou a um paroquiano quando começaria a estação da primavera no Brasil, e ele respondeu que a primavera chegaria exatamente naquele dia, às 17:44 em nosso continente. Foi a partir disso que ele começou a falar da Nossa Senhora da Primavera. Mais um título para Nossa Senhora; Nossa Senhora tem mais de 2 mil títulos no mundo inteiro; Nossa Senhora tem mais de 150 títulos aqui no Brasil; agora, tem mais esse título de Nossa Senhora da Primavera revelado pelo Padre Moacir. Nessa mesma celebração, o Senhor havia lhe falado para abençoar a água para o povo levar para casa, e, ao chegarem em suas casas, as pessoas deveriam fazer um pequeno altar com a imagem de Nossa Senhora e rezar um terço mariano em família, depois, benzessem as casas com sua água benta, e então fossem descansar tranquilos e não se preocupassem, porque Nossa Senhora da Primavera visitaria as suas casas. Foi exatamente o que aconteceu.

Então é isso, gente. Eu costumo dizer, não sou eu, meu compadre, mas Santo Agostinho já disse: "As orações de Nossa Senhora tem mais poder do que todas as preces, e todas as intercessões dos santos, dos anjos do céu e da terra".

Viva, Nossa Senhora!

Muito obrigado a todos, muito obrigado pela presença, muito obrigado de coração. Eu estou feliz por vocês. Foi Nossa Senhora da Primavera que encaminhou vocês até aqui, meu muito obrigado. Encerrando, eu quero passar o microfone para minha filha Luanna (8 anos) cantar uma música religiosa que o pai gosta muito.

DEUS seja louvado, agradecido e reconhecido.

REZA NA MINHA RESIDÊNCIA, PRONUNCIAMENTO TOCANTÍNIA-TO 2020

Senhores e Senhoras:

Permita fazer um breve relatório do nosso projeto Loteamento Serra do Lajeado. Em 1997, há 23 anos, nascia sob a proteção de DEUS o nosso Loteamento.

Em sociedade com o Sr. Wilso Barreira, fomos agraciados com 410 lotes, ficando portanto 205 para cada um.

Fizemos doação de vários, e dentre essas para as Entidades Católicas e também servos. Asseguramos que foram bastante beneficiados, ao ponto do nosso honrado Arcebispo de Palmas- Tocantins, Dom Pedro, no encontro quaresmal deste ano, revelar publicamente que o Arnoldo Barros é gente boa. Fiquei muito emocionado e feliz com essa declaração e ter na certeza de que foi uma revelação de DEUS por intermédio do Arcebispo referenciado.

Ontem, dia 13 de junho, data de aparição de NOSSA SENHORA DE FÁTIMA em Portugal, e nós, em homenagem a essa data, resolvemos fazer um lançamento de vendas a preço simbólico, pois não somos avarentos, de 33 lotes. E colocamos 33 bandeirolas tendo a pomba do Espírito Santo de DEUS e uma grande faixa contendo a seguinte frase: DEUS é supremo.

Nossa meta é vender os lotes, todavia o objetivo maior é evangelizar as pessoas, pois PRIORIZAMOS OS PROJETOS DE DEUS, COMO O MAIOR TESOURO DA MINHA VIDA.

Antes mesmo da promoção, além dos lotes já doados, achamos justo de coração, cérebro e alma doar mais 3 lotes os quais vou oficializar a notícia no dia 13 de julho deste ano. Um para o Pe. Aderso, meu Diretor Espiritual, um para o Profeta Roberto Tannus e um para o Profeta Ironi Spuldaro.

Não fazemos isso pensando em política e possamos até mesmo ser político se escolhido por DEUS, assim como o Escravo José Duegito se tornou governador aprovado por DEUS, eu também posso ser governador, só que não temos votos nem mesmo da Janete Parente, minha esposa, pois ela prefere que, ao invés de eu ser Governador, que seja lavrador.

Em tempo: minhas ações são de formas lícitas, transparentes e com muita honestidade, defendo os que vivem nas margens das oportunidades, tenho sede de justiça, e pratico os princípios dos bons Cristãos.

DEUS é supremo!

DEUS é supremo!!

DEUS é supremo!!!

Com DEUS, nós venceremos.

MAIS UMA REZA NA MINHA RESIDÊNCIA EM TOCANTÍNIA-TOCANTINS, 2020

Senhores e Senhoras:

Hoje, nesta data 21 de maio de 2020, aqui em Tocantínia-Tocantins, na nossa Capela de Oração "Nossa Senhora da PRIMAVERA", comemoramos os 50 anos de aniversário da minha esposa Janete Parente e colocamos na intenção deste terço graças celestiais para ela e para o Roberto Tannus, verdadeiro pregador da nossa Igreja Católica, Missionário de CRISTO, carismático, escritor de vários livros religiosos e um grande Profeta que vive a evangelizar no mundo inteiro a palavra de DEUS. Ele tem como ação iluminar espíritos em trevas e os que buscam a luz divina para suas vidas espirituais.

Sou um grande beneficiado pelas suas orações, não só dele como do Profeta Ironi Spuldaro, tanto eu como minha esposa Janete Parente e também minha filha Luanna Mascarenhas. Nós, na Catedral do ESPÍRITO SANTO em Palmas-Tocantins, recebemos por meio das orações e intercessões curas milagrosas de doenças, nas quais pretendemos, na oportunidade certa, realizar esses testemunhos, pois entendemos que "Milagre contado é milagre multiplicado".

Minha vida financeira estava uma bagunça. Além de me encontrar operando no vermelho eu tinha contraído 14 empréstimos e, após as grandes orações, me livrei de 10 e sem desfazer de nenhuma venda de meus bens patrimoniais. Considero mais um milagre na minha vida.

Já testemunhei curas e mais curas de doenças incuráveis, pela intercessão desses Profetas dos Projetos de DEUS.

Eles vivem financeiramente pelas providências DIVINAS.

PARABÉNS, ROBERTO TANNUS.
PARABÉNS, IRONI SPULDARO.

DEUS é supremo!
DEUS é supremo!!
DEUS é supremo!!!
Com DEUS venceremos!!!
Tenho dito!!!

AS MAZELAS DA POLÍTICA
PALMAS- TO, 2020

Senhores e Senhoras.

Ações do Anticristo na política.

São várias as ações do ANTICRISTO na política, e dentre várias citamos 33 que são praticadas com bastante frequência pelos falsos políticos e numa escala bem menor pelos eleitores do nosso explorado, roubado e sucateado Brasil. Ei-las:

prostituição, mentira, prisão, morte, corrupção, falta de privacidade, compra de voto, intriga, brigas, bandidagem, trairagem, ostentação, vaidade, fuxico, inveja, malversação, falsidade, trapezismo, oportunismo, paraquedismo, empirismo, apropriação indébita do esforço alheio, arte de engolir sapos, arte de vomitar sapos, jogo de interesses até mesmo excursos, população inconsistente elegendo maus políticos, prática de adular homens, fábrica de adversários, fábrica de inimigos, perseguição, bajulação, uso dos Órgãos públicos como se fosse propriedade particular, macumbaria etc.

Candidatura a cargo político longe de mim, jamais me disponho a me envolver nesta LAMA.

Agradeço a DEUS por este excelente livramento.

CONCLUÍMOS QUE, NO BRASIL, EXISTE POUCA SERIEDADE NOS PARTIDOS POLÍTICOS, DA DIREITA, DE CENTRO E DA ESQUERDA. O QUE HÁ NA GRANDE MAIORIA, COMPROVADAMENTE, SÃO APROVEITADORES REUNIDOS E ARMANDO ESTRATÉGIAS PARA ROUBAR O DINHEIRO DO POVO.

DEUS seja agradecido!!!

CONCLUSÃO

Concluímos que todos os princípios de sabedoria, inclusive discursos que existem neste mundo, estão contidos e orientados na verdadeira Bíblia Sagrada, e que o homem sem DEUS não alcança nenhum objetivo de vida espiritual, pois vive e fala para o mundo e, às vezes, passa a sua existência inteira enganando a si e aos outros. Todavia, pode aguardar na certeza de que o seu falso castelo, tanto materialmente como espiritualmente, não terá prosperidade, "podendo ser ruído pelas traças", na maioria das vezes, não só o dele como de muitos seus seguidores.

Os poderosos deste mundo tentaram destruir injustamente o grande líder mundial Nelson Mandela, ex-presidente da África do Sul, preso durante 27 anos, e mesmo com todo sofrimento profetizou a célebre frase: "Enquanto quebrava pedras, percebi que eles tinham me roubado muita coisa. Haviam abusado de mim fisicamente e emocionalmente. Haviam me afastado de minha mulher e de meus filhos. Tinham me tirado tudo, à exceção da mente (alma) e do coração".

DEUS deixou o homem com livre arbítrio para escolher o caminho que lhe convier. Faça a sua escolha, a decisão não é minha, é totalmente sua. No entanto, recomendamos orientar neste exemplar, como fonte de consultas para seus pronunciamentos de oratória. Rogamos a Deus, para que tenha misericórdia de todos aqueles que ainda persistem a andar nos rumos tortuosos, agradando ao maligno em seus projetos e falsos discursos de destruições da humanidade.

Ao finalizarmos, não temos o que duvidar que esses valiosos discursos, se colocados em prática de forma construtiva, vão ao encontro das aspirações do grande Mestre Celestial Nosso Senhor JESUS CRISTO, o consagrado e maior Orador Universal.

Ao concluirmos, entendemos que o discurso realizado com sabedoria e motivação alcança resultados satisfatórios.

Faça um bom uso e tenha um bom proveito !!!

AVANÇA, BRASIL!
AVANÇA, TOCANTINS!!
AVANÇA, LOTEAMENTO SERRA DO LAJEADO- TOCANTINS!!!
AVANÇA SEM CORRUPÇÃO!!!
ROGAMOS A DEUS PROTEÇÃO!!!

CURRICULUM VITAE (RESUMO).

Arnoldo Mascarenhas Barros, Nascido: 29 de fevereiro de 1.952
CIDADE / ESTADO: Gilbués – Piauí.
FILHO: Agostinho Barros Louzeiro e Venceslina Mascarenhas Barros.
ESPOSA: Janete Santana Aguiar Mascarenhas.
FILHAS: Lorena Martins Ribeiro Mascarenhas e
Luanna Santana Mascarenhas.

PROFISSÕES: Lavrador, Engraxador, Edificador, Corretor, Auditor, Escritor e Administrador, pela Faculdade Centro de Ensino Unificado de Brasília (CEUB) (1.979), com maior especialidade em Administração de Pessoas RH - Recursos Humanos - e Material, portador de mais de 90 cursos de aperfeiçoamento na área de Administração, sendo mais de 01 curso a cada ano de sua idade, constando 2 a nível de pós-graduação, um de Planejamento Governamental outro de Elaboração, Análise e Avaliação de Projetos, ambos realizados pela ASPLAN - Assessoria de Planejamento e Coordenação do Governo do Estado do Tocantins, (1.991). Um curso completo de pós-graduação, Gestão Pública com ênfase em Controle Externo, pela FACINTER - Faculdade Internacional de Curitiba - Paraná (2.011); escreveu o livro de "Como tornar sua organização eficaz, valorizando a ADMINISTRAÇÃO DE RECURSOS HUMANOS" (2.016); tendo ocupado diversos cargos de Direção e Comissão na sua trajetória profissional, dentre vários deles o de Assessor Administrativo Financeiro da Prefeitura Municipal de Tocantínia - Tocantins, o de Chefe da Divisão de Material e Patrimônio, tendo sob sua Coordenação todo o Setor de Compras do Tribunal de Contas do Estado do Tocantins e exerceu por 3(três) mandatos o de Membro da Comissão de Licitação do Tribunal de Contas do Estado do Tocantins, Cargos esses de confiança Administrativa Financeira. Todos foram exercidos comprovadamente com lealdade, idoneidade e muita HONESTIDADE. Já exerceu 40 Cargos Comunitários e a maioria eleito com margem admirável de votos e sem nenhuma campanha eleitoral, dentre eles Fundador de 5 Associações Comunitárias sendo 2 em Tocantínia-TO, Associação de Moradores de

Tocantínia - (1987), Associação Comunitária de Habitação Popular Arnoldo Barros, a qual construiu em mutirão 40 casas populares, totalmente doadas sem o pagamento de nenhuma prestação e 2 em Palmas-TO, Associação de Moradores da quadra 1.104 sul e a Associação dos Ciclistas da Capital, 1 em Lajeado-TO, Associação da Família Parente (2014) e ainda, fundador do Sindicato dos Servidores do Tribunal de Contas do Estado do Tocantins em Palmas-TO, e exerceu 5 Cargos Eletivos, na Associação dos Funcionários do Tribunal de Contas do Estado do Tocantins, dentre eles 3 de Presidente do Conselho Deliberativo, 1 de Membro Efetivo e 1 de Vice-Presidente da Diretoria Executiva, tendo assumido interinamente o cargo de Presidente por 1 mês, e em outras entidades a exemplo CIPA, (Comissão Interna de Prevenção de Acidentes), e/ou Comissões diversas, o de Presidente, Vice--Presidente, Conselheiro, Secretário, Membro, Assessor e Diretor, todas sem fins lucrativos e sem nenhuma remuneração financeira e sempre em defesa dos mais fracos de recursos, os excluídos, desassistidos e desprotegidos desta sociedade, desigual, desleal e discriminatória, onde os humildes ficam às margens das oportunidades. Cargos ocupados nas Cidades de Brasília-DF, Palmas-TO e Tocantínia-TO, conforme vasta reportagens em seu poder sem despesa financeira em Jornais e TV. Recebeu 2 elogios por escrito da Fundação Hospitalar do Distrito Federal, sendo 1 por realização de serviços extraordinários o outro pelo eficiente desempenho e relacionamento no trabalho. Possui o título de Cidadão Tocantiniense, (Tocantínia - TO) por ter prestado serviços de alta relevância comunitária para aquela população, tendo como aprovação por unanimidade pelos poderes Legislativo e Executivo, o de agradecimento pelos vários e grandiosos serviços comunitários prestados à cidade de Taguatinga, Distrito Federal, realizado pela Administração Regional de Taguatinga-DF, Honra ao Mérito Militar, pela FAB - Força Aérea Brasileira, o de Sócio Benemérito, pela Associação da Família Parente, e Homenageado pelo Sindicato dos Servidores do Tribunal de Contas do Tocantins, e com MOÇÃO DE APLAUSOS N° 001/2017, do Tribunal de Contas do Estado do Tocantins, sala das sessões da Primeira Câmara, por intermédio dos membros presentes na Sessão Ordinária do dia 02 de maio de 2017, Conselheiro José Wagner Praxedes, Conselheiro Severiano José Costandrade de Aguiar, Conselheira Doris de Miranda Coutinho, Conselheiro Substituto Orlando Alves da Silva e Procuradora de Contas Raquel Medeiros Sales de Almeida, manifesta votos de aplausos e congratulações ao servidor aposentado Arnoldo Mascarenhas Barros, pelos relevantes serviços prestados ao Tribunal de Contas do Estado do

Tocantins, desde a sua criação até a sua aposentação. Referido servidor é parte da história dessa Corte de Contas. É Católico Carismático ecumênico, pertence a Liturgia das Igrejas Católicas há quase 33 anos, é Auditor de Controle Externo (aposentado), pelo Tribunal de Contas do Estado do Tocantins.

REFERÊNCIAS BIBLIOGRÁFICAS

BUENO, Francisco da S. **Dicionário escolar da língua portuguesa**. 7. ed. Rio de Janeiro: FAE, 1970.

CESAR, Júlio de Freitas. **Modelos de Discursos e a Arte de Falar em Público**. 3. ed. Rio de Janeiro: Editora Brand, 1932.

FREI, Castro de Pedreira. **Bíblia Sagrada**. 116. ed. São Paulo: Claretiana, 2004.

MASCARENHAS, Arnoldo Barros. **Como tornar sua organização eficaz, valorizando a ADMINISTRAÇÃO DE RECURSOS HUMANOS**. 1. ed. Palmas: Editora Provisão, 2016.